U0006054

RUNNING NOTE
SUGURU OSAKO

決戰前

大迫傑
東奧訓練紀事

2021年3月在肯亞伊膝的公路上進行重點訓練。

2021年2月在伊滕的田徑操場上受訓。

海拔約2400公尺的伊滕，雖然早晚很冷，但白天放晴就會很熱。

伊滕的練習據點有齊全的重訓設備。

和川崎友輝（圖左）等在肯亞練習的夥伴合影留念。

在好勝景觀優美的餐廳，用餐前的一小段時光。

7/24(木)
am = 13mile　　pm : Nairobiへ, SE用 不動産 見学.

日頃のトレーニングの中で大切にしているのは, 生活の一部として合宿を行うこと. だからこそ 3〜6ヶ月という長期間を種合宿期間に出来る. 今回 ナイロビに行ったのもリラックスするという 意味もあった. 日本食レストランにも今日行ったし. 2日目にも行く予定で安心. 列省食が加ナ に案内されて SE用の物件を見に行ったが良い家だった. ただがなびりぼってくられているように感じる ケニアに多い3間に鏡投外の活動も何がしかあるようにしたい.

7/25(木)
　　am = 11mile
日本大使館へ ご挨拶へ 行った. その後はリラックス

7/26(金)　　　　　　　　　　　　　　　　weekly 140mile

夜裡獨處時，一個人默默寫日誌。

「寫下自己的想法，會成為邁向下一步的臺階。」

目錄

寫日誌的理由

因為東京奧運延期一年，我有了多餘的時間可以思考各種事情。我想，把這些寶貴的經驗記錄下來應該很不錯，所以來到肯亞之後，我就開始寫日誌。

有些選手會很認真地寫練習日誌，但我以前頂多就是隨手寫寫筆記而已，並沒有留下練習紀錄。

在佐久長聖高中的那段時間，是我唯一有寫日誌的時期。因為當時規定田徑選手一定要每天寫日誌。我們會在一天結束的時候寫日誌，隔天早上交給教練，當天傍晚日誌才會再回到自己手中。有時教練只會蓋個印章表示看過了，但有時教練也會寫上意見或者建議。

一般都是由學長、學姊教學弟妹怎麼寫，不過日誌並沒有固定格式，只是內容一定要寫到以下三件事：

・每天的行程

．小小的勝利或小小的落敗

．自由欄位

　首先是每天幾點起床、幾點練習、幾點吃飯等一整天的行程。大致寫幾點開始練習就好，但是我當時記錄得非常詳細。

　譬如某天的練習項目，我是這樣記錄的：

3:45　起床　體操　20' 慢跑　暖身

4:30　繞競技場外圍（一圈500公尺水泥地）

　　　①3'24"9　②3'25"7　③3'27"5……

　除此之外還有打掃時間、三餐的菜單、接受哪些治療等日常生活上的細節。現在回頭看來，根本是無法想像的巨細靡遺。

　記錄每天「小小的勝利」和「小小的落敗」，是因為兩角速教練認為：想要獲得巨大的成果，日積月累很重要。為了紮實地往成果邁進，所以讓我們寫下代表前進的勝利和代表後退的落敗。不過，我知道自己幾乎沒有寫到「落敗」的部分。因為我當時認為：「明明沒有落敗，為什麼一定要寫？」不過，我自行加入「小小的發現」當作第三個項目。

　我從學生時代就是這樣。當我碰到像是在日本馬拉松奧

運選拔賽（Marathon Grand Championship；簡稱MGC）中，以自己能接受的方式落敗，在這種情形下，我會學到很多，也會有很多想法。記得在高中時期，我還在自由欄位中寫了很多關於落敗的事情。反之，如果是自己無法接受的落敗，就幾乎什麼也沒寫。（笑）

兩角速教練很重視這個自由欄位，規定每天至少要寫一頁日誌。他經常說，不要只是羅列做過的事情，自己的情緒和想法不要受形式侷限，多多用自己的話寫下日誌。

其實，練習方法和完跑時間會隨著身體成長而進步，所以我也認為以最低限度的文字量來寫日誌即可。

因為教練說寫日誌的意義，在於選手持續參加賽事的時候，將來回過頭看日誌或許會有新的發現，而那些發現就會變成自己的財產。我過去從來沒有回顧這些筆記，不過我認為高中時期整理自己的思緒，把思緒化為語言並書寫下來，對未來的自己非常有幫助。

現在受訪的時候，我能夠好好表達自己的想法，一定也是因為高中時期有寫日誌的習慣吧。

即便當天有所感受，有時也很難化為語言。譬如，我跑步的時候會想很多事，也有很多事情在跑步的時候解決。不過，隨著時間過去我也經常會淡忘。

這次寫日誌，我覺得自己的想法沒有大幅改變，但是常常發現回頭去看幾天前的日誌時，總會心想：「原來我那天

有這種想法啊！」當然，很多時候也會覺得「我又在說一樣的話了」，但是把自己的心情化為文字，回顧時有的時候會有意外的發現。透過重複「書寫與回顧」的過程，自己的想法會更加有條理，變得越來越清晰。

高中時期的日誌和現在的日誌相比，總覺得以前像白紙一樣乾淨，而且更加純真。（笑）

我是一個很容易焦慮的人。還記得高中時，曾在日誌裡寫到「自己不應該輸給對手、該怎麼做才能贏」之類不安又焦慮的內容。說個玩笑話，譬如吃飯的量，我真的不想輸給兩角速教練。（笑）

當時的日誌大多記錄自己對競賽感受到的壓力，但是現在我幾乎不會對參加賽事感到有壓力了。在持續競賽的生活中，我學到焦慮也於事無補，也知道不服輸的情緒會變成自己的動力，所以一點也不覺得有壓力。另一方面，回顧現在的日誌，我發現自己反而對競賽以外的很多事情感到壓力。譬如疫情、奧運相關的新聞、社群媒體、線上會議等，雖然肯亞是個能夠讓我專注比賽的環境，但我也再度感受到要把注意力都集中在賽事上有多麼困難。

我最近覺得，有很多選手會說出「下一場比賽我會繼續努力」，或者一些理所當然的漂亮場面話、膚淺的話。不只運動員，每個人都必須找到屬於自己的劇本和目標，然後全心全意投入。每個運動員都應該抱著自己的價值觀在競技場

上前行才對。既然難得有機會發言，就要用自己的話來描述這些過程，讓大家有所共鳴，因此我認為需要磨練自己的語言能力。

努力比賽是理所當然的，但是我更想讓那些嚮往成為運動員的孩子或學生，藉由寫日誌去感受到把自己的想法化為文字的重要性。

我一不留神就會從運動員的角度談這件事，不過日誌對一般的市民跑者應該也很有幫助才對。很多人會用智慧手錶留下紀錄，但是寫下工作上發生的事、當天的心情、練習的課題、跑步時的反省，透過累積這些紀錄，應該能漸漸找到適合自己的訓練和身體狀況的模式才對。

或許也會像讀過我高中時期日誌的兩角速教練那樣，發現：「這天他沒有那麼游刃有餘啊！」

我藉此機會，設計了一份路跑日誌，希望各位務必應用日誌，持續享受跑步的過程。

2021年2月22日

兩角速教練的話

（東海大學田徑隊接力賽總教練。1995～2010年為佐久長聖高中田徑接力總教練）

寫日誌的意義

　　我從自己還是選手的時候，就一直記錄並回顧自己身為運動員的訓練內容，而且認為這是理所當然的事。因此，自我接下佐久長聖高中的總教練一職之後，就要求學生寫日誌。

　　寫日誌的意義在於記錄當天做過的事情，之後回顧才能夠比較。譬如高中三年期間，能參加的紀錄賽其實大致就是那幾場。一整年之間，選手會參加好幾次相同項目的比賽。這個時候選手就能知道上次做了哪些準備、賽後有什麼要反省的地方，如果有記錄單圈時間，就能知道每個循環的跑速。這些都可以和現在的自己作比較，自然而然就能找到應該做的事情和應訂的目標。

　　我自己在比賽前會重讀學生的日誌，參考過去的成績，確認選手目前的狀況。

　　話雖如此，日誌也不是只要寫練習內容就好，我認為寫下自己當天想到的事情或想法也很重要。

　　剛進來的學生還不習慣寫日誌，所以我會對那些內容寫得不夠完整的選手說：「多寫一點自己的想法。」如果碰到日誌

和行為不一致的選手，我也會直接找對方聊。

佐久長聖高中的田徑隊一定要住校。在斬斷各種外在誘惑、必須專注在田徑的環境中寫下的文字，其實也是一種資產。

有些人可能會寫下自己從未想過的事情或者單純對競賽本身的想法等等。學生時期可能會覺得寫日誌很麻煩，但是等長大成人之後回顧，或許就會覺得幸好當初有寫。

我認識的大迫傑不太會面對自我，總是帶著強烈的競爭意識。譬如說在高難度的練習之前，很多選手都會擔心自己的狀況，往往擔心自己可能沒辦法完成練習。然而，大迫傑卻想著「完成這個練習，應該就能贏那個傢伙了」、「只有做這種訓練搞不好會輸」。

他不會去思考自己「做得到」、「做不到」這種事情。這種感覺完全呈現在日誌中，我想這也是他成長的動力之一。

除此之外，日誌也完全表現出大迫傑的急性子。不只是日誌，交代他的事情他都會做，但是他會想要盡快做完。看他日誌內的文字和寫日誌的方式，就感覺得到他很想趕快寫完，但在心情比較從容的時候就會認真寫。看日誌很長一段時間之後，就能從文字的雜亂程度和文字量了解他的狀況和心情。

我目前指導東海大學的選手時，也會要求他們寫日誌。選手很多，我不可能參加每位選手的行程，所以現在使用「Atleta」這個應用程式管理日誌。不過，有很多事情會像大迫傑那樣從文字本身就能發現，所以我至今仍然覺得最好手寫。

佐久長聖高中三年級時的練習日誌

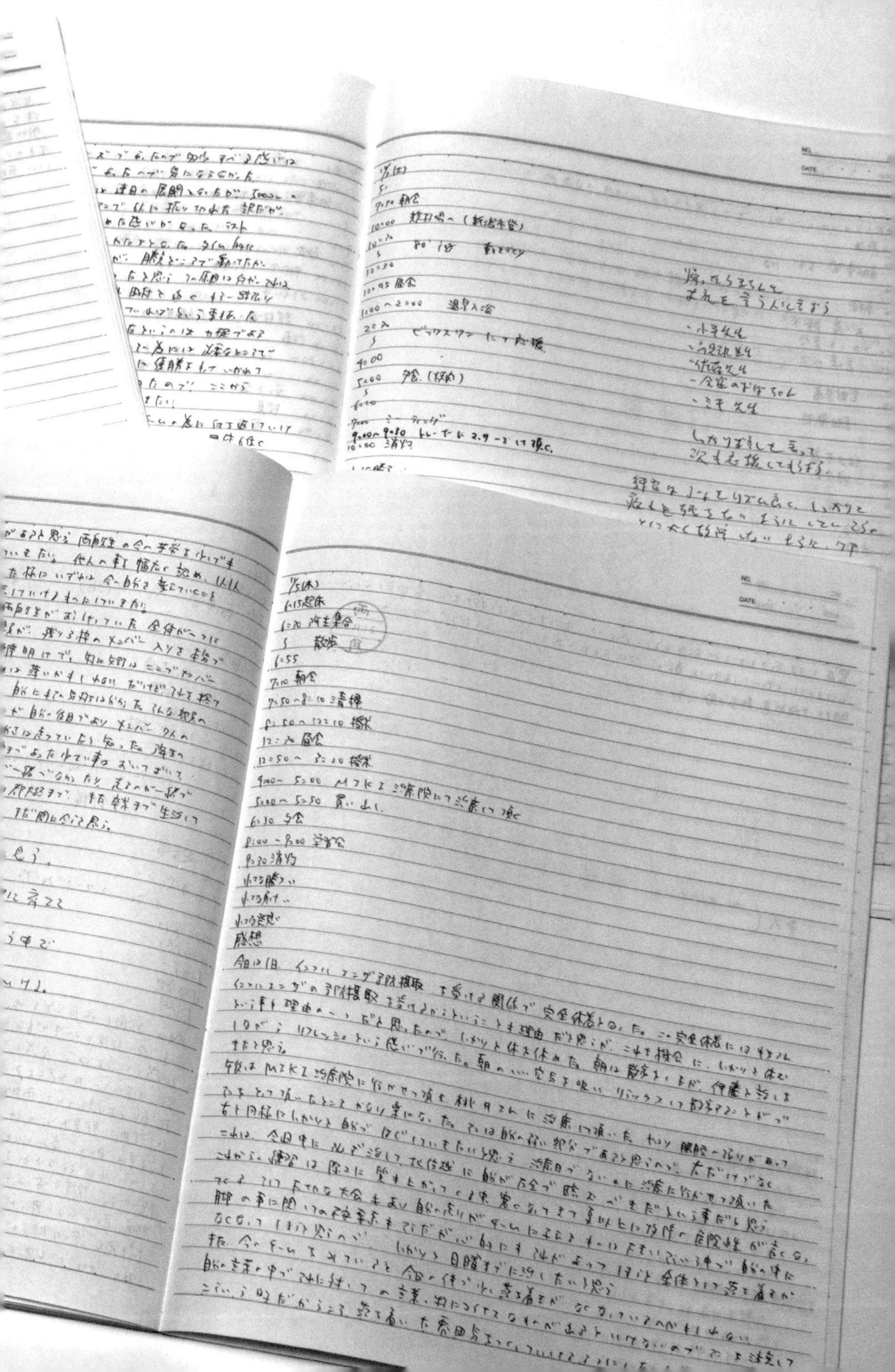

1/? (?)
朝食
10:00　移動　～（新幹線）
10:ス
S　　80　18　　recovery
12:?
12:45 昼食
1:00～2:00　退屋入浴
ス:ス
　　　ビラクスワン　1ェア佐橋
4:00
5:00　夕食（？）
S
6:00
9:00～9:10　ピューずっし 2.4 -3 17 7℃.
10:00　消灯？
いい感じ

帰ったらそういう
そんを言う人にをする
・小ヌをヌ
・ス2秋84
・体温ヌヌ
・皮室のデが少し
・ミヌ　ヌヌ
しっかリをると言って
況きも大切にするよう.

得むを1ゃ2リすんなら いスを
痕くも気をもっ　きみに　いて 25む
イワ太く頂けて　いい よう な　7デ

1/? (?)
6:13 起床
6:30 内主要会
S　散歩
6:55
7:00 朝食
7:50 ～ 8:10 3 看護
9:50 m 12:10 授業
12:ス 昼食
12:50 ～ 2:30 授業
9:00 ～ 5:00 M 7 K I ご無段 いご着 いて着
5:00 ～ 5:50 員い よし
6:30 夕食
7:00 ～ 8:00 ご学習
7:30 消灯い
いご感じ…
いご看ィー
いご要収

感想

（以下、判読困難な手書き文章が続く）

摘自佐久長聖高中三年級時的練習日誌

——7月22日（三）

今天早上練習時下雨了。天氣因為雨水變得涼快，所以舒暢地跑了五十分鐘。在練跑的時候，為了不讓自己的動作一成不變，最後二十分鐘我稍微嘗試了其他跑法。因為覺得整體感覺小腿比平時使用得更多，所以希望之後特別注意不要讓小腿用力過度，確實使用體積更大的大腿肌肉。

另外，下午小平老師和我面談。老師跟我確認畢業後的安排，也說希望我不要因為比賽成績而造成劇烈的心情起伏，要我多想想其他事情，能夠做到這一點才能踏出成為大人的一步。

現在想來，有時候連我都不懂自己為什麼在比賽後還這

麼執著。其實我知道原因。因為，我練習得不夠充分。

冬季的練跑量不夠。但是，因為這種理由而輸掉比賽，我實在很不甘心，所以我才會不想承認。或許承認這一點，才能讓自己的精神層面有所成長。真希望自己的內心能夠裝一個容器，包容自己的缺失並且以長遠的眼光看待自己。

現在的我很弱小。我想要先認同這一點。因此，我覺得今年夏天很重要。為了在夏天之後大變身，從現在就要開始準備。話雖如此，我還要面對這三年來一直視為目標的全國高中綜合體育大會（Inter-High，簡稱IH）。我要確實做好現在能做的事，然後去挑戰體育大會。

我們學校是去年拿下全國優勝的隊伍，而我是隊上的王牌選手。雖然我背負了期待和責任，但是埋頭硬拼只是徒勞無功。我希望自己不是用「想要留下成果」的態度面對，而是把這件事當成測試自己「能做到什麼程度」的挑戰。還有一個星期。我會相信自己的潛能，度過剩下的一個星期，讓自己不要那麼僵硬，自然地去磨練自己的感受。或許用這樣的心情迎接挑戰比較好。

── 10月2日（五）

今天是大會第一天，也是國民體育大會一萬公尺決賽日。晨練的時候，我為了決賽而刻意保留彈跳力。我覺得自己有做到專注完跑。

早上在飯店待命，不過我一邊想著比賽的狀況一邊聽音樂，藉此作好心理準備。在這段時間，我特別注意不要讓自己太在意比賽或太過緊張。

　　雖然必須在雨中暖身，但是我仍然投入自己的世界，專注地讓身體熱起來。開跑的時候就像早上練習那樣，告訴自己不要過度使用彈跳的力量。

　　比賽剛開始時雨勢很大，我穿著跑鞋多少有點滑，不過跑著跑著就好多了，所以沒有特別在意。

　　剛開始的五千公尺跑得比較快，不過算是游刃有餘地通過中間點。之後有五個人超越我，通過中間點之後我的腿也漸漸出現疲勞感。最後一公里距離拉開，六位選手之中我是第六名。以完跑時間來說，今天大概是二十八分鐘，算是還可以。不過以賽事的觀點來看，我是六名選手中的第六名，這就不行了。

　　問題出在哪裡呢？我覺得是自信的問題，最後很靠近田村，或許當時再努力一點就能改變局面。而且，最後一公里應該要更堅持才對。不過，無論如何，沒能在比賽的時候用盡全力，就表示我能力不足。我必須成為一個能在關鍵時刻獲勝的人才行。為了做到這一點，我必須在必要的時候變得好勝才行。而且，今天優勝被二年級的拿走了。我不能就這樣結束。為了在國民體育大會有好表現，接下來一定要讓全日本的人看見我真正的實力。

大家幫我加油真的讓我覺得很有力量。我很感謝戰友，今後要好好想想我能夠為自己的隊伍做些什麼，尤其是對跑步的態度，一定要在都大路一區的大戰前（譯注：全國高中接力賽，男子接力賽總共分七個區段，第一區是十公里長跑）想清楚。國民體育大會第六名實在無法雪恥。希望接下來要想清楚自己追求的目標，迎戰下一場比賽。

──10月31日（六）

今天是縣接力賽的前一天。因為是前一天，所以安排了一些刺激肌肉的訓練。我覺得今天的訓練很不錯。兩公里的下坡路段，我沒有過於僵硬，配合地面的傾斜順利完跑。身體雖然沒有很輕盈，但是最後四公里是明天會碰到的上坡，有一點重量反而比較好，所以我覺得這個程度的練習剛剛好。我相信明天會因為今天刺激肌肉的訓練，讓跑步的動作變得更好，所以我有自信能跑出好成績。

今天晚上開會時，還是提到都大路的賽事。在都大路會碰上的對手，都是以前在全國高中綜合體育大會、國民體育大會時徹底贏過我的人，所以為了要贏過他們，在覺得痛苦時就要想著他們的臉，從開始上坡就要耐得住辛苦。雖然每年都會做一樣的事，但開會的時候，我感受到「今年接力賽的季節就要開始了」的獨特緊張感。有別於全國高中綜合體育大會，接力賽不是為自己的成績而跑，尤其是第一區的選

手有責任回應教練們的期許。我希望能在縣接力賽的時候，培養出能夠回應師長期許的能力。如同面談時教練給我的建議，後半折返的時候才是勝負的關鍵。在那之前一定要忍耐，尤其是下坡時絕對不能衝過頭。只要能忍過這一段，完跑時間勢必有所成長，我也能更往前一步。被別人說「隊伍裡的王牌，水準不如上野前輩、佐藤前輩、澤村前輩在的時候」，我真的很不甘心，所以想帶著這分不甘心跑完剩下的四公里，讓停留在目前水準的自己更加升級。為隊伍著想，不是為了自己，而是為了戰友而跑。在這樣的心情下，我希望能在都大路接力賽之前提升自己的能力。去年對自己的要求和現在的自己之間仍有差距。但願接下來能夠縮短差距。明天，我想抱著信任下一棒跑者和所有隊伍成員的心，開心地完跑。

──11月4日（三）

今天晚餐前和兩角速教練聊了一下。

我跟教練聊了自己以前曾經寫到的負擔，還有在目前的狀況下自己想要怎麼做。關於負擔這件事，現在想起來都是小事。一想到兩角速教練為此掛念，我就覺得很抱歉，同時也感受到現在的自己只有這麼一點點氣度。

除此之外，因為兩角速教練的話，讓我深刻思考自己現在的狀態。我了解到隊友對我的關注超乎自己的想像，所以

我對整個團隊的影響非常大。也就是說，如果我經常散發出緊張的氛圍，整個隊伍也會跟著緊張；如果我傳遞出陰沉的思維，整個隊伍也會變得陰沉。我感覺到自己能為他人做的事情很多。我的隊友之中，有人因為受傷而痛苦不已、有人尚未融入隊伍、有人稍微被孤立，大家各有自己的問題，但是我能夠讓隊友團結一致，這就是我的其中一個責任。我們有很多不同的隊友。無論是哪一位，全隊都要認同他的優點然後加以吸收。我覺得這一點很重要。我希望今後多多了解自己能夠做的事情，然後為整個團隊付出。

為了讓兩角速教練稍微減輕負擔，我想多思考自己能做的事，為隊伍出一分力。如果我能做到從不同面向認同別人、了解每個人的個性和意識，我或許就會像兩角速教練說的那樣，有一天也會因此而轉變。但願我能夠藉此機會，在各方面有所成長。

另外，我看過五千公尺預賽的影片了。我發現自己終於明白兩角速教練說的「團結一致」的意思了。每位跑步的隊友都為了搶下最後的三個決賽的席位而無比認真。矢野忍痛上場，大倉的傷剛好，尤其是矢野負傷加入隊伍，接下來可能很難繼續發展。即便如此，他還是沒有放棄，我想他應該是想堅持到最後一刻吧。我很能體會他的心情。我坦然接受這些隊友的想法，然後化為動力跑下去，我覺得這是我的責任，也是我們七個隊友的責任。除此之外，我也了解到我們

是帶著這些人的心意在跑步的。三年級的學生之間有不少紛爭，不過能夠一起生活的日子已經不多了。我想先把以前那些雞毛蒜皮的小事拋諸腦後，一起在最後的舞臺都大路接力賽上奮戰。即便我們的行動、跑速不一致，但我們的目標都是一樣的。我希望能抱著這樣的心情，度過都大路接力賽及畢業前的日子。或許我醒悟得太遲，但是一定還來得及。

──11月30日（一）

小小的落敗　我跳起來了。

小小的發現　從團隊的角度思考很重要。

今天早上進行很重要的重點訓練，跑二回合四公里。第一回合的時候，幾乎所有人都團結一致，跑得很順利，但第二回合時，因為我加快速度導致隊伍散亂，變成你追我跑的比賽。在跑步的時候，我沉浸在自己的世界裡，完全不管其他人，跑完第二回合看到整個隊伍的狀況之後，我很後悔自己犯下的錯誤。我明明就一直在思考該怎麼讓整個隊伍朝更好的方向前進啊！

我覺得很對不起所有隊員。但是，今天已經結束了。對這件事再怎麼後悔都太遲了。為了讓隊伍裡的每個人都能有最好的成果，我必須思考自己該怎麼練習才能對團隊有所助

益才行。後天會加入三回合二千公尺的練習，我希望屆時能夠幫上其他隊友的忙。

今天開會的時候，教練談到我們要學會向周遭的人表達感謝。我們以團隊的身分應戰，所以必須更加徹底地抱著團隊整體的意識參賽。我也會更加重視對周遭的人抱持感謝之情和貫徹團體精神這兩件事。

2021

2/9 ~ 3/8

in Iten, Kenya

肯亞的練習日程

在弗拉格斯塔夫（Flagstaff）
和波特蘭（Portland）時，
基礎行程也都一樣。

沒有重點練習的平日

7：20	起床
7：30	早餐&咖啡
9：00	和肯亞當地人輕鬆跑13～15英里
11：00	拉筋和重量訓練
12：30	午餐
14：00	按摩
16：00	跑步
17：30	～18：30桑拿
19：00	晚餐
22：00	就寢

星期二・星期五　訓練（重點練習）	星期六或星期日　長跑
6：00　起床	5：30　起床
6：10　輕食＆咖啡	5：40　輕食＆咖啡
7：00　從宿舍出發	6：30　長跑
7：15　公路路線或者8：00抵達田徑場	9：30　重量訓練
熱身	12：30　午餐
9：00　重點練習　重量訓練	14：00　跑步20～30分鐘
12：30　午餐	19：00　晚餐
14：00　按摩	22：00　就寢
16：00　跑步	
17：30　～18：30桑拿	
19：00　晚餐	
22：00　就寢	

—— **2月9日（二）**

晴

早上　莫伊本大道〔Moiben Road〕

　　　5公里－3公里－2公里－3公里－2公里

　　　〔15'15" - x - x - x - x〕

下午　10英里

合計　26英里

　　之前練節奏跑時才剛到肯亞，動作有點過大，但是今天感覺控制得很好。

　　彼得教練說輕鬆完成這項練習就好，但是來到肯亞三個星期，在身邊有其他選手的狀態下，我不可能游刃有餘地完成練習。雖然我和教練之間針對這點想法上有落差，但其實這也很正常。

—— **2月10日（三）**

晴

早上　附近的練跑路線

　　　14英里

下午　7英里

合計　21英里

不知道是不是因為前幾天跑超過久違的四十公里，以至於今天身體非常疲勞。不過我還是像往常一樣練跑。

──2月11日（四）

晴

早上　15英里

下午　7英里

合計　22英里

──2月12日（五）

晴

早上　基普喬蓋體育館　熱身　6英里

　　　緩和跑　5.5英里

　　　4（400m × 4）（64" / 64"7 / 63"9 / 64"2）

　　　恢復跑　200公尺　輕鬆跑

　　　組合跑　400公尺　輕鬆跑

下午　7英里

合計　18英里

　　不知道是不是因為直到十二月為止都在田徑場練跑，我覺得四百公尺反而比較輕鬆。

──2月13日（六）

晴

早上　20英里　輕鬆跑 LR（長跑）

下午　到贊恩的營地參加派對（海拔3100公尺）

　　早上延續慢跑的練習進行長距離跑，下午在十六點就到肯亞練習的紐西蘭人贊恩‧羅伯森（Zane Robertson）的營地參加派對。

　　先不說是好是壞，贊恩真的很瘋。（笑）

　　好久沒被灌廉價酒，所以醉倒了。

──2月14日（日）

晴

下午　5英里

　　我本來就知道昨天的派對可能會喝太多，所以之前有多跑一點。因此今天只跑了五英里。

　　酒要喝，但備賽也不能偷懶。

──2月15日（一）

晴

早上　14英里

下午　7英里

合計　21英里

　　東京奧運最近蔚為話題，我也有一些想法。

　　國際奧林匹克委員會本來就無心聽取選手的意見，那選手發言還有意義嗎？而且我發現大家都在說一些好聽的場面話。以馬拉松來說，就算沒有奧運，之後也還有東京馬拉松、波士頓等其他的世界馬拉松大滿貫（World Marathon Majors）賽事可以挑戰。東京奧運這個舞臺背景會不會太搶戲了一點？雖然最好的舞臺是東京奧運，但是對馬拉松跑者來說還有很多選項。

　　我不清楚其他無線電視不會轉播的運動情況為何，不過以現狀來看，就算站在選手的立場傳遞訊息，也不會改變什麼。

──2月16日（二）

晴

早上　卡普圖索（公路）

　　　熱身　4英里

　　　X × 1公里（3'00"）

　　　恢復跑　90"

　　　緩和跑　3.5英里

下午　7英里

合計　24.5英里

　　原本預想會輕鬆結束練習，結果比想像中還累。是因為
週六的派對嗎？

──2月17日（三）

晴

早上　14.5英里

下午　7英里

合計　21.5英里

──2月18日（四）

晴

早上　15英里

下午　7英里

合計　22英里

──2月19日（五）

晴

早上　10 × 200公尺　坡道（跑34"之內）

　　　＋10 × 200公尺　田徑場（29"～27"8）

17英里

下午　7英里

合計　24英里

──**2月20日（六）**

晴

早上　6點30分起跑

　　　LR　22英里（5'54"／英里）

　　　緩和跑　1英里

下午　BBQ　李奧納多的招待所

合計　23英里

　　利用伊滕往莫伊本方向略微下坡的長跑路段，進行長跑練習。這是我來肯亞之後第一個配速良好的長跑練習，很從容地跑完全程。

　　因為弟弟的失誤，所以沒留下拍攝紀錄，要是他能老實認錯就好了。世界上有能夠長進的人和無法（或很難）長進的人。前者會把焦點放在自己身上，後者會把焦點放在自己以外的地方。而且前者會找尋應該做的事或可行的方法，後者則是會為自己不做或做不到的事情找藉口。

2/12 晴

午前：モンタナスタジアム　w-up 6mile. c-down. 5.5.
　　4(400×4)　(64" - 64"7 - 63"9 - 64"2)(64"1 - 63"1 - 64"2 - 63"6)

Recov 200m　easy　(63"3 - 63"0 - 62"4 - 62"9)(62"1 - 62"0 63"1 - 59"2)
set 400m　　　　　　total 18 mile

午後　7mile

12月ほどトラックをやってたせいかまだ400のが easy.

2/13　晴

　午前　20mile easy LR
　午後　zane camp にて party (標高3100m)

午前中は jog の延長線上の LR を行う。午後は N2 出身で
16からケニアでトレーニングしている zane の camp で party をした。
むむが悪いかは置いておいて zane はクレイジーだった(笑)
安い酒を飲まされて久しぶりにつぶれた。

2/14　晴

　午後　5mile

昨日は飲み過ぎるという不詳事があったのでそれまでに
距離をかせいでおいた。そのおかげで今日は 5mile のみ。
飲みながらも競技に妥協しない。

5

am: 14 mile   pm: 7 mile.

最近話題のオリンピックについて考える。IOCはそもそも選手の声を聞く気がない
だから選手の発信に意味はあるんだろうか。そしてみんなもイ事を言っている気がな
い一つに限っていると オリンピックでなかったとしても、その後へ東京マラソンやく他へ大詠スえ
リベンジ東京オリンピックというストーリーをつくり自らを出たいではないだろうか。最高のシナリオは
それだけど マラソンランナーにとっては沢山 option がある枠に思う
他、エニド詳を上波で放送されないスポーツは分からないし。現状でみな
立場から発言しても何も生まれない。

6(火)晴
am: カプトゥーソ(ロード) 4mile w-up   16 × 1k (3'00", 2'56", 3'00", 2'59", 2'59", 2'58"
                              90"recov 2'58", 2'58", 2'58", 2'58", 2'58", 3'00"
              3.5 c-down   2'58", 2'55", 2'56", 2'58")

pm: 7mile.

少し集中して走る予定だったが思ったよりきつかった。土曜のパーティー?

又(水)
Am: 14.5   pm: 7mile

──**2月21日（日）**

陰

早上　17英里

下午　7英里

合計　24英里

　　下星期要去奈洛比（Nairobi），而且我想要在速度練習的時候有好表現，所以比平常週日還要多跑了一點。很久沒有這樣下午一個人邊聽音樂邊跑。在跑步的時候，我深有感觸，覺得社群媒體的發達讓很多選手都能表達自己的想法。不過，身為運動員，說出和行為、成果不一致的話，真的很膚淺。這種運動員越來越多了。

　　而且，當大家都開始表達意見的時候，我反而想保持沉默。

　　或許有很多人受到日本國內「必須發言」的氛圍影響而隨波逐流吧。

──**2月22日（一）**

雨

早上　13英里

下午　7英里

合計　20英里

── 2月23日（二）

雨

早上　10英里　節奏跑（約3'05" / 公里）

下午　7英里　輕鬆跑

合計　17英里

── 2月24日（三）

晴

早上　13英里

下午　前往奈洛比。參觀「傑精英（Sugar Elite）計畫」所要
　　　使用的房舍。

　　在平時的練習裡，最重要的就是融入生活的宿營。因
此，需要三到六個月的長期集訓。這次去奈洛比一方面也是
想要放鬆。我去了日式餐廳，也很期待星期六再去一次。抵
達之後，在卡洛基的帶領之下，我參觀了傑精英要用的房
子，房況很不錯。但不知道為何，總覺得自己被坑了。

　　在肯亞的期間，除了比賽之外，我還想留下一些東西。

── 2月25日（四）

晴

早上　11英里

下午　到日本大使館打招呼之後就放鬆休息。

本週合計　140英里

──**2月26日（五）**

晴

早上　12×800公尺（2'14"～x'xx"）　合計20英里

下午　5英里

合計　25英里

　　今天身體很沉重。這一個多月以來，速度方面的練習狀況大多不錯，但是也終於迎來馬拉松訓練的沉重感。我在二十到二十五歲那段時間，聽到二十五到三十歲的選手說「上年紀之後就無法擺脫疲勞感」，但我覺得自己好像不用花什麼時間就能消除跑馬拉松的疲倦。只能說人想放棄的時候，就會拼命找藉口。

　　晚上我盡情玩樂。留下歡樂的回憶。（笑）

──**2月27日（六）**

晴

早上　LR　21英里

　　最近的煩惱都來自比賽之外。譬如傑精英計畫，需要

策動別人才能進行。比賽的話，必須專注在我平常就實踐的「單純且必要的事情」，或者是從目標回推到自己現在應該做的事情（工作），只要從俯瞰的角度審視自己，做到這些並不難。但是我弟弟身為員工，卻不會為了目的和過程而行動，反倒是為了「不想道歉、不想被指使」這些自尊而行動。我覺得他沒有把工作做好。本來覺得應該溫柔看待這件事，先不要說出口，給他一個自我察覺的機會，但是今後必須好好糾正他了。比賽只需要專注在和自己對話就好，所以讓我覺得很開心。

——2月28日（日）

晴

早上　7英里

下午　7英里

合計　14英里

　　我從奈洛比回到伊縢了。大家應該都很想知道破日本紀錄的事情（譯注：2021年2月28日，鈴木健吾在琵琶湖馬拉松上以二小時四分五十六秒打破大迫傑創下的日本紀錄），對我個人來說會產生的影響有：①以後沒辦法以日本紀錄保持人的身分宣傳、②以非日本紀錄保持人的身分，繼續為田徑圈付出（想要提供獎金就要設立財團嗎？傑精英計畫會更好

推動嗎？）、③給自己一個動機，跑出讓大家留下深刻印象的賽事。

我本來就對頭銜沒什麼興趣。我認為這是對過去的執念，所以不太喜歡，也覺得有沒有頭銜都無所謂。很多人都會被過去和想像中的未來迷惑。如果能夠單純地看待事物，心中只會留下「健吾表現得很不錯，我也要加油」這種心情。

至於為什麼人會無法單純地看待事物，我認為是因為被周遭的雜音影響。外面的人會擅自編故事（有時候這些故事還能賺錢），然後強迫選手重現瞎掰的故事。應該有很多人都被周遭的這種雜音干擾，變得無法看見簡單又單純的本質。在肯亞，我只會接收到最低限度的資訊，所以能夠單純地站在自己的立場去拒絕這些資訊。

有時候我們運動員必須配合粉絲自慰般的幻想。但是，在肯亞的話，我們就能夠客觀地看待這些幻想。

──3月1日（一）

晴

早上　13英里

下午　7英里

合計　20英里

我很喜歡自我搜尋（Egosurfing），所以經常在推特、IG上面搜尋自己的名字。在肯亞的時候很閒，所以有時間可以分析昨天日誌裡提到的一般民眾的幻想。容我介紹一下其中的例子。

　　「在快腿選手輩出的時代，即便是小比賽也必須拿下優勝！」有人很仔細地列出奧運代表團第一到第七名選手的優勝經歷，他的觀點十分有趣。

　　這裡提到的「必須」有兩大理由（目標）：

　　（1）能否在奧運奪牌。

　　（2）能否成為流芳百世的選手。

　　如果這個人的意思是為了達到以上這兩個條件，必須在世界馬拉松大滿貫以外的賽事獲得優勝，那還算可喜可賀，表示對方只不過是在找我麻煩而已。

　　那是因為我認為：

　　①運動員除了比賽成績以外，在別人心中留下其他價值很重要。

　　②通常大滿貫以外的賽事，都是為了該國的選手而舉辦。如果是以奧運為目標在談這件事的話，是否在每場賽事都拿下優勝並沒有他想得那麼重要。

3/24(木)
　am= 13mile　　pm= Nairobiへ. SE用 不動産見学.

日頃のトレーニングの中で大切にしているのは、生活の一部として合宿を行うこと。だからこそ3～6ヶ月という長期間を通し合宿期間に当てる。今回ナイロビに行ったのもリラックスするという意味もあった。日本食レストランにも今日行ったし、2階目にも行く予定で楽しみ。●別宮促々からナに案内されてSE用の物件を見に行ったが良い家だった。ただなぜかばったくられてない感じがし、ケニアに多い3間に競技外への活動も行くかつかたろにしたい

3/25(木)
　　am= 11 mile
日本大使館へ ご挨拶へ 伺った。その後はリラックス

                                              weekly 1 90mile

3/26(金)
　am= 12×800 (2'14～2'07") total 20mile pm= 5mile

今日は体が重たかった。この1ヶ月少し、スピード系に感じては調子が良い事が多かったがようやくマラソントレーニングをている重さになってきたふと。●自分が20代前半だった頃に20代後半への違和が疲労が中で抜けなくなってくるという事を言っていたが。マラソンで疲労を抜く時間で調整までの間にあったけると思った。人は自分が辞めたくなると言訳をつくりたがる。改は並んだ楽しい思い出ができた(笑)

7/7 (土)
am: LR 21mile

最近の悩み事は競技外。SBであったり。他の人を動かして仕事をする事。競技内で
実践している、シンプルに集中することに今集中する事であったり。目標から逆算して動かすべき事（仕事）
を見つける事であったり。それと書いてた時に思うこういう事で自分をフッカンして現実を意識すれば
そんなに難しい事ではないと思うが、社員である弟は、目的と過程？が欠けて動くのではなく
やりたくない、指示されたくない等。プライドが大分して動いてしまっている。あまり良い仕事ができてる
とは誰も。今はやさしく、誰かれずに気付く機会をあげたいと思った方が少し言っていかなく
ていけないと思った。競技は自分との対話に集中すればいいから楽しい

7/8 (月)
am: 7mile   pm: 7mile

・テレビからイエンに帰ってきた。おそらくみんなが聞こえたがっているであろう日本記録について
・自分にとっては高い世界で影響を考えてみると。
・これから日本記録保持者として営業できなくなる　②日本記録保持者で終わりたくない立場として
世界戦の為に動ける（報奨金つくったあげてほしい気持ちから財団を設立？よりもっと
動い易くなる？）③ 映像を残す残りをしたとモチベーションになる
・そもそも肩書きはあまり好きではない（山の神とか）、これは過去に執着していて何が
なので、その皿はどうでも良いと思っている。多くの人が過去にとらわれ、と想像以上に様に
思われている。シンプルに物事を見れば、〇〇君良かったね、尊敬もも頂いる
という気持ちが残るのみ。ニャーテシンプルな気持ちになれるか
・ではなぜそんな簡単にシンプルに物事を見れなくなって しすがといいと
周りからのノイズだと思う。勝手にドラマを作り（時にそのドラマは全になる）、逆に
そのドラマン再現を採用する。そんな周りから。ノイズに惑わされ、シンプルな
見るそして単純な本質が見えなくなる人が多いのではないか思う。
・ここケアでは必要最低限の情報しか入ってないから そい情報をシンプルに
自分の立場に立って そしゃくできる。
・時に僕らアスリートはファンのマスターベーションに付き合わされる。でもケアにいると
僕らそのマスターベーションを客観的に眺める事ができる。

我很擅長把自己的想法正當化。以我的角度來看，我會希望他看到我在六場大賽上有四場都拿下前三名的成績。我的勝率有75％，而且半數以上是世界馬拉松大滿貫賽事，還擠進前三名。六場比賽中有一場本來就預估會失敗。和其他選手相比，不用說也知道我想表達什麼了吧。

幸好，大家都在評論「我沒有的東西」。

──3月2日（二）

晴

早上　3 ×（600公尺＋400公尺＋300公尺＋200公尺）

下午　7英里

合計　10英里

──3月3日（三）

雨

早上　13英里

──3月4日（四）

雨

早上　11英里

本週合計　122英里

—— 3月5日（五）

晴

早上　埃爾多雷特（Eldoret）

　　　田徑場　10 × 1英里

下午　7英里

合計　25英里

第一次在YouTube上面發影片，粉絲的反應很有趣。可能是我之前傳達資訊的對象都是很優質的粉絲，所以沒什麼感覺，但是這次因為面對更多粉絲，讓我了解到自己身邊也有很多劣質的粉絲。

這可能是理所當然的現象，既然我受到矚目，那就應該好好利用。

還有，我發現弟弟變得比較坦率，讓我的生活和練習也變得越來越輕鬆。雖然我也沒有什麼立場可以說別人的不是，不過，我覺得他應該要更勤勞才對。我希望他也能珍惜我已經所剩不多的現役選手時光。

—— 3月6日（六）

雨

早上　15英里

下午　7英里

合計　22英里

──3月7日（日）

雨

早上　23英里 LR＋1英里　　下坡道

下午　3英里

合計　27英里

　　在YouTube發影片幾天之後，有人留言說：「要是他直接說出自己很不甘心就好了⋯⋯。」我想這個人大概不是我的鐵粉。雖然是一段不值得回應的推特發文，但是內容實在是過度精神自慰，而且應該有很多這樣的人，所以我才引用這段文字。我是不否認自己因為練習很累，所以有點煩躁啦！（笑）

　　當我在思考要怎麼引用這段文字在推特上發文的時候，稍微推敲了一下這些人的想法。

　　他們應該是在評論「自己心中的大迫傑」或是對我抱有強烈的其他運動員形象吧。我想那些人應該在期待「大迫傑」在倫敦奧運預賽上拍著地板悔恨的樣子，或者是期待電視轉播可以看到運動員彼此切磋、充滿戲劇張力的畫面。如果無論什麼狀況都會這麼戲劇性地感到心有不甘，那頭部的血管早就爆裂，我也早就死了吧。（笑）

我重新思考這件事的時候，比起「不甘心」，心中「好可惜」、「之後要再加油」的感覺更強烈。

反過來說，如果今天的成果你沒有完全滿意，但已經能說服自己，當你下次再前進的時候，有個幾乎沒說過話的人，在你無法掌控、毫無關聯的地方拿到一樣的成績，你會有什麼感想呢？你會拍著地板悔恨不已嗎？

繼續寫下去實在太累，針對這點等採訪的時候再說好了。（笑）

我想說的重點是，在部分粉絲腦中幻想的運動員和真實的運動員不一樣，而且我們比大家想得還要更正面思考。雖然很多人建議我忽略那些聲音，覺得思考這些留言只是浪費時間，但是深入挖掘這些令人焦躁的留言總有新發現，所以我並不排斥（也有可能只是因為我不願服輸吧）。

──3月8日（一）

晴

早上　13英里

下午　7英里

合計　20英里

9/1

am: 13mile　　　pm: 7mile.

僕はエゴサーチが好きでツイッター、インスタで自分の名前をよく検索する。
ケアにいるのもヒマなので昨日書いた一般也人のマスターベーションを
分析する事ができる。2つ紹介したい。
① タイムを出す選手が沢山いる今、小さい大会でも優勝は光る。
　ごていねいに オリンピック代表→7着で来るいまでの
優勝経験を書いてくれている人がいたが、視点が非常に興味深い。
ここでいう必立な理由として(ゴールとして)2つある。(1) オリンピックでメダルをとれるか、
(2) 後生に名を受け継がれる選手になるか。僕からしてもこの2点のために
メジャーズではら、シルバーレベルでの優勝経験の必須を書いてをとしたら
ありがたい事に僕のアラ探しているに過ぎないと感じる。その理由は、
① アスリートは競技成績＋αで何を、誰の心に残せたかが
　大切だから

② シルバー以下のレースはその回の選手のためにレースがってくる事はとが多い
　もしもオリンピックのメダルについて語っているであれば優勝経験の有を
　彼らが考えている程の重要性はない。　どんな大会でも。
　自分を正当化するのが得意な僕の考えては、
6大会で3位に確実に入っている回数は4回、の僕の結果を
見て欲しい。75%でしかも半分のメジャーズで3位にはいってる。
6回のうち見てとれる失敗に一回。他の選手とくらべて助あえている
計すとも高ている事が分かると思う。
ありがたい事にみんな「僕にすいも、」を再評価の対象としてくれてる

E/NO.　　　TITLE

5金　　　total 25mile
am: 10×1mile eldoret track　　　　pm: 2mile

YouTubeを投稿してのファンの反応が興味深い。今までは質の良いファンを対象に情報を発信してきたから感じなかったかもだが、ヨリ多くのファンに対して発信した事で船の周りにも割と沢山頭の悪い質の悪いファンがいるのだなと思った。当たり前の事かもしれないが注目されているという事、上手く利用できると思った。少し弟が素直になってきた気がして少し生活と練習がし易くなってきた。他も人に言えた立場ではないが。ただもっとハードワークできると思う。現役もそう長くないこの瞬間を彼にも大切にしてもらいたいと思う

6土　　　Total 22mile.
am : 15mile　　　pm: 7mile

7(日)　　　total 27mile
am: 23mile LR +1mile down　　　pm: 3mile

Youtubeを投稿して数日、「もっとストレートに速いと口に…」というコメントがあった。おそらくこの人はコアなファンではないのだろう。別に反応するに値しないツイートではあったが、あまりにも自慰が過ぎるので、また多分こういう人多いんだろうなと思い利用した。練習の疲れでイライラしていたのは否定できないが(笑)
このコメントを引用してどういうツイートをしようか考えている中でこういう人達の心の中を少し考えてみた。ツイートにあった「あなたの中の大地係がこんにちはしましたね」

おそらく自分の中の大迫像であったり他のアスリート像が非常に強いせいだろう。
その人の大迫像でいうと、ロンドン五輪選考会の地面を叩いて悔しがる姿が
強く、またアスリートの切磋琢磨さテレビが作れるドラマチック目線でイメージ
しているんだと思う。そんな常に劇的な悔しさを常に状況問わず感じてたら
頭の血管が切れて死んでしまうよ。(笑)
改めて考えてみれば「悔しい」より「残念」と「頑張ろう」だった。
逆に聞くともし ~~同じ様な成果をあなた~~ あなたが既に完璧に満足ではないにしろ
その当時充実した結果を出していて、次に並んでいる時、遠くのあまり話に仕事の
ない人が同じ様な結果を出した時、どう思うだろうか。　地面を叩いて

　　　　　僕のコントロールできない、関係のない場所で

悔しいと思うだろうか。~~同じ様な~~　これ以上書くのつかれたので
これについてはインタビューしてもらおう(笑)
言いたい本質は、あるその感動ポルノの中のアスリートと、リアルは
違うということ。僕はみんなが ~~思い~~ 思うよりずっとポジティブだという事。
色んな方に無視した方がいい。考えるだけ時間の無駄というアドバイス
を頂いたけど ~~自分相手では~~ ~~自分が~~ ~~今から~~ 行ったコメント
を深掘っていくと新しい発見があったりするので ~~僕は~~ それに嫌いで
はない。(ただ単に負けず嫌いなだけかもしれないが)

3/8(月)
　am= 13mile　　　　pm= 7mile

我來肯亞的理由

為了備戰東京奧運，我在2021年1月來到肯亞。平常都是先提升訓練強度之後再做高海拔訓練，但是這次從訓練初期就到肯亞了。

這是我第二次到肯亞集訓。第一次是一年前。在最後一個取得參加東京奧運資格的機會，即東京馬拉松賽前來過一次。之前都在美國的波德（Boulder）進行高海拔訓練，但是因為去過很多次已經習慣當地的環境，我發現自己的練習變得千篇一律。我想讓自己在不同環境獲得新的刺激。因此選擇了肯亞，而且實際上這裡的環境非常適合我，所以最後決定備戰東京奧運這段期間就在肯亞長期集訓。

肯亞的海拔比波德更高，聚集了世界各地的跑者，所以有很多練習的夥伴。而且最大的魅力就是在這裡能夠專注在練習上。

無論在日本還是美國，每天都會從電視和網路接收到

諸如新冠肺炎的感染人數、國際奧林匹克委員會和日本奧林匹克委員會處理事情的態度、奧運能不能順利舉辦等各種資訊，就算是自己不想知道的事也會不小心聽到。我沒有強大到可以戰勝這些波濤洶湧的資訊浪潮，如果身在現場，我還能夠不受影響、保持平靜的心情嗎？

在肯亞的話，自己不主動去找，就不會有任何事情傳到我耳裡。因為不需要看那些自己根本不想看的東西，所以雜念就會比較少。能夠逃離妨礙比賽的資訊，一心專注在加快跑速。「減少雜訊」，就是我選擇肯亞最重要的理由。

來肯亞一個月之後，我也覺得自己比上次來的時候輕鬆多了。在日本雖然也是跑一樣的距離和速度，但是我往往會出現「要做這個、要做那個」的多餘念頭。現在我心中沒有好壞、情緒毫無波瀾，有種輕飄飄的感覺。

因為少了情緒的起伏，我能更集中在練習上。我本來就喜歡田徑，也想跑得更快，所以讓自己身處於能夠百分之百專注的環境本來就是理所當然。其實也就是這樣而已。

這次的集訓預計長達七個月。一方面是因為新冠肺炎的關係，人沒辦法輕易移動，但另一方面也是因為我從來沒有在高海拔待過這麼長時間。這個選擇究竟是好是壞？接下來會怎樣？我真的不知道。但是新的挑戰無論是不是東京奧運，我認為也一定會為自己累積經驗值。與其擔心自己不能控制的未來，在東京或美國等地做一樣的訓練，還不如把眼

光放在東京奧運以外的選擇，為了進步而專注在眼前能做的事情上，這樣更有意義，也更像是我會作的決定。

離開日本必須捨棄很多東西，譬如和家人、朋友在一起的時間、享用美食和舒適生活的日子。但是，果斷捨棄之後，我反而能非常沉著地跑步。如果說我有什麼獨一無二的特別能力，應該就是「有捨棄的勇氣」吧！

集訓的據點是位於海拔二千三百九十公尺的伊滕。因為海拔很高，所以整年都是早、晚較冷的天氣。白天如果天氣好的話會很熱，但是有別於日本和奈洛比，這裡的熱很溫和。

每星期的行程大致都是固定的。一、三、四、六是輕鬆跑的日子。由於原隸屬日清食品的選手巴爾索頓．李奧納多（Barsoton Leonard）和原隸屬速霸陸汽車的選手蘭卡特．克萊門特在此地組了一個小團隊，所以有時我會和他們在宿舍附近的紅土路一起練習，有時就自己練跑。

在肯亞，有很多選手會因為當下的身體狀況，不遵守設定好的配速加快跑速。雖然我並不希望有這樣的狀況，但無論何時都能按照自己的步調確實完跑，的確很需要強健的心理素質。

話雖如此，隊伍裡面只要有人稍微加快速度，自己還是會難免感到焦躁。而且我們經常邊跑邊聊天，所以需要思考或者想要按照自己的節奏跑的時候，我就會選擇獨自練習。

星期二和星期五是訓練日。我會到車程十五分鐘左右的公路或是車程一小時的田徑場練習。星期六或星期日是長跑日。有時候從早上開始跑兩個半小時到三小時就結束，但有時下午也會稍微跑一下。

　　每個月會搭飛機到航程一小時左右的奈洛比待上一個星期。奈洛比的海拔是一千七百公尺，高度比伊滕低，所以在這裡會做一些以速度為主的訓練，譬如以二分三十秒的速度跑十二回合一千公尺。奈洛比有日本餐廳，住在奈洛比的時候，跑步的里程會減少一點，所以對我來說算是半放鬆的時間。

　　持續高難度練習的時候，動力很重要。練習結束後我會洗桑拿浴一個小時，洗完之後來杯啤酒，對我來說是最棒的獎勵。這個獎勵太美好，好到有點罪惡。（笑）但是肯亞海拔很高，所以很容易喝醉，身體也很難修復。之前去紐西蘭人贊恩的營地喝酒，那裡海拔三千一百公尺，我很快就喝醉，在那之後好幾天都狀況不好。雖然犯過這種錯，但是平常我都盡量不要讓身體留下損傷，除了大量飲水，喝啤酒也克制在一到二瓶的量。

　　這次我想在肯亞為自己主持的「傑精英計畫」準備集訓營地，所以會在練習空檔看房子。其實，我認為並不是非得在肯亞才能學跑步，但是我覺得離開日本真的可以學到很多東西。

以我來說，上次在肯亞集訓的時候，訓練和日常生活上承蒙很多人照顧，托他們的福，我才能打破日本紀錄。然而，這些人一直找不到工作，所以生活非常不穩定。疫情期間，我每兩個月就會贊助一次克萊門特的生活費，但是我一直在思考，以更長遠的眼光來看，我到底能為他們做什麼。

　　思考到最後我發現，如果能在這裡建立傑精英計畫的集訓營地，不僅可以強化日本選手的能力，也能達到僱用肯亞運動員、為他們提供生活保障等社會貢獻的效果。待在日本的話就永遠無法了解這些事情，只用語言表達，自己沒有經歷過也無法引起共鳴。訓練當然非常重要，但是讓一個人變得更加豐富也是肯亞的價值。

　　我想即便在同一個環境下，也不是所有選手都能有這樣的體悟，但是我認為在這裡應該能讓年輕選手感受到不一樣的東西。

　　不過，找房子的時候屋主哄抬價格，讓我深感非當地人要建立集訓營地非常困難。這是我今後在肯亞必須解決的課題之一。

2021年3月11日

與社群媒體相處的方式

推特、IG、YouTube、抖音等，現在運動員能透過社群媒體發聲的機會大增。我看到有很多人對東京奧運說一些漂亮的場面話，或者是提出單純只是跟風的意見，但是國際奧林匹克委員會根本沒有要聽我們這些運動員的意見。既然如此，我認為現在運動員說什麼都沒用。

從肯亞觀察日本的時候，我覺有很多選手只會發言，但是都沒有內容。當然，發言本身並不是壞事，但是身為運動員，行動應該要放在第一位才對吧。我認為運動員必須做出讓發言有說服力的行動。

對我們來說，奧運當然是最好的舞臺。但是，沒有東京奧運，也不會讓我們為了這一天而做的努力白費。即便不是最好的舞臺，也還有其他國際大賽，我們的故事仍會持續下去。有人說我「沒顧慮到其他運動員和其他比賽項目」，但是我覺得大家早就在思考其他選項了。

雖然我想減低雜訊，但又很愛自我搜尋（Egosurfing）。社群媒體上充斥著雜訊。來肯亞之後開啟的YouTube頻道也是新的雜訊，我這個人真的很矛盾呢！

實際上，我在YouTube上傳影片之後，有人留言說「有點失望」。針對這則留言，我在推特用諷刺的方式回應。我當然也有自己不知道的一面，雖然沒有要否定別人的感受，但是我覺得每個人都有很多不同的面向，為什麼要把自己的想法強加在別人身上呢？我抱著「我就是我，這一點絕對不會退讓」的心情回應留言。我們運動員絕對不是提供「勵志情色片」的片商。我覺得這也是個讓大家了解這一點的好機會。另一方面，我也在社群媒體上進行宣傳和行銷，所以我知道接下來的時代絕對無法完全逃離社群媒體。

即便在馬拉松賽事破日本紀錄，我們也不像棒球選手或足球選手那樣擁有高知名度。即便破紀錄的那一瞬間廣受矚目，也只有在田徑圈內算是有名，一般大眾又會有多少人認識我們呢？無論創下多厲害的紀錄，只專注在跑步上，我們的地位應該也無法提升多少。無論多小型的比賽，一定會有一個人奪得冠軍。贏了比賽之後要怎麼提升自己的價值呢？該怎麼表達自己的想法呢？

思考自己想成為什麼樣的運動員，然後建立自己的品牌。選手不是更應該去思考這些事情嗎？或許有些孩子會對我們跑步的樣子有所憧憬，也會有孩子想要開始接觸田徑運

動。我認為讓更多人了解田徑運動，不只是能提升運動員的地位，還能促進整個田徑賽事的發展。

　　不是單純取得勝利，而是用自己的方法利用獲勝的成果。現在這個時代，不就是需要這樣的行動力嗎？

2021年3月11日

從失敗或輸掉的比賽中學到的事

2018年10月，我在芝加哥馬拉松打破日本紀錄。在那之後的三年，發生了很多事。

參加2019年3月的東京馬拉松時，我因為不合季節的寒冷，導致身體動彈不得，當下判斷繼續跑也沒意義，所以在二十九公里處棄權。

賽後，社群媒體上面有人覺得這個判斷很合理，但也有人持反面意見。我自己也一樣，心中有一部分肯定、一部分否定的心情。我是不是沒有能力跑在最前面？是不是因為我太弱才會中途棄權？還是之前在芝加哥已經打破日本紀錄，對東京馬拉松沒什麼動力？當初一心想著比賽結束之後就可以和朋友一起出去玩，這件事讓我懷著沒有專心比賽的罪惡感。大賽結束後的一到二個月之間，我一直在自問自答。

我是那種會一不小心就發現很多事情的人。把據點搬到美國之後，我覺得已經能順利掌握自己了。然而，回國之後

大家紛紛推測到底誰會贏，我陷入這種氛圍之中，又回到以前的自己。

我和教練、心理諮商師討論這些煩惱。他們告訴我「考量對身體的損傷，選擇放棄沒有錯」、「你已經很努力比賽了」、「你已經打贏站在起跑線之前的戰役了」，這些話對我來說很有幫助。我當然沒有馬上就認同，但是我必須肯定撐過艱困練習的自己。因為那場比賽，讓我能夠面對自己，對我來說也是一種成長。

我在日本代表選手的「日本馬拉松奧運選拔賽」上落敗。當然，沒能擠進前二名成為日本代表選手真的很不甘心，但是比賽結束之後，其實我鬆了一口氣，也覺得神清氣爽。

那場比賽，我本來就預想設樂悠太選手會奪冠。因為對方節奏很快，我猜想後半段的路程應該會減速，但是我們之間的差距越來越大，讓我覺得很不安。

當時，我原本在第二個領先集團之中，大家等著看我會怎麼出招。其他選手不斷換位置，提升跑步的速度，有人跟上來本來就很正常。然而，大家都在觀察我的反應，所以整個領先集團前進的節奏拉得很長。如果不去追上第二名的選手，距離越拉越開的話，應該之後就追不上了……。

按照我平時的風格，都是跑在領先集團的後面，但這次因為想太多，導致自己一直往前衝，反而因此過度使用腿部

肌肉。最後我根本沒有在想名次的事，只是埋頭狂奔而已。

　　參加日本馬拉松奧運選拔賽時，我從前面兩位選手身上學到很多東西，也重新了解到堅守自己的步調有多麼重要。如果沒有輸得這麼慘，有些事情永遠都不會改變。因為這次失敗而得到的東西，我覺得意義非常重大。

　　因為有過兩次失敗，所以我自認為2020的東京馬拉松，我有做到冷靜地獨自跑步這件事。當第二個領先集團加快速度拉開距離的時候，我心裡也只覺得「啊，要被超過了」，選擇回到自己的節奏繼續跑。結果，我因此刷新了日本紀錄。

　　不過，我原本就猜想，這個日本紀錄應該維持不了多久。如果還能破紀錄的話，應該會是在東京或柏林等高速賽事，所以當我看到鈴木健吾在風勢強的琵琶湖每日馬拉松（2021年）上的紀錄時，真的嚇了一跳。

　　那場比賽真的很有意思。直到三十六公里左右都由配速員控制速度在一公里三分鐘，在過三十六公里的補水站附近，鈴木健吾就一鼓作氣衝了。在疫情之下，少了受邀的外國選手，琵琶湖這場賽事真的是為日本人所舉辦的比賽。

　　國際上的主要賽事，參賽選手幾乎都是以二小時又一到二分鐘完跑的目標在配速。我們如果想要跟上這些選手，一定會超過負荷。不過，如果能用日本選手設定的配速去跑、盡量跟上，等到最後再加速的話，日本選手也能跑出那樣的

成績。如果多舉辦一點這種賽事，日本的紀錄應該會越來越好。我也會想參加這種專門為日本人而舉辦的比賽。

鈴木健吾打破日本紀錄，讓我也覺得與有榮焉。另一方面，我因此成了前日本紀錄保持人，覺得比之前自由了一點。總覺得擁有日本紀錄保持人這個頭銜，可能會讓我的一些發言聽起來很諷刺，但是成了前紀錄保持人，就比較不會有這種事，我也能暢所欲言了。（笑）

無論如何，這對日本選手來說都是好事。世代交替本來就是每隔一段時間會發生的事。正因如此，我才會認為這股潮流不能在我們這一代結束，而是要繼續傳承到下一代。

2021年3月11日

要傳承給下一代的東西

我自己還能跑幾次馬拉松呢？應該剩下沒幾次了吧。因此，就現實面來考量，要在我們這一代突然追上國際水準不太可能。既然如此，不如把眼光放在五年後、十年後、二十年後。打造一個系統，把我們學到的經驗傳承給下一代的選手，讓日本人也能在國際舞臺上和外國人一決勝負。我這幾年一直在思考這件事。

我擔心因疫情的關係很多賽事取消，導致大學生少了練習的動力。不過，我也因為東京奧運延期而有更多時間，所以想挑戰一些其他的事情。

從2020年初春開始，就有虛擬比賽和慈善機構等單位來找我合作，但是我總覺得哪裡不對勁。我思考一到二個月之後，在2020年夏天啟動「傑精英計畫」。為了讓日本人在國際舞臺上參戰，本計畫針對願意跨出所屬隊伍、追求強度的選手提供支援。

第一場活動就是以大學生為對象的一星期夏季集訓。

沒有下定決心的話，來參加也沒有意義，所以我設定了參加基準，刻意公開招募以提升難度。與其說我會在這次集訓教學生什麼，不如說我想讓他們看到我為備戰奧運而訓練的樣子，藉此讓學生有所感受並吸收自己需要的東西。實際上，有些我認為理所當然的訓練，對這些選手來說很是驚訝。

　　譬如說早上有訓練（重點練習）的日子，我的早餐只有一片麵包和咖啡。但是他們會像平常一樣吃得很飽，然後心想：「吃這麼飽，真的要在這個時間練習嗎？」這明明是應該要重視的練習，卻什麼也沒想就像平常那樣吃早餐。既然知道早上要練習，就應該用腦思考，靈活地應變才對。

　　持續高強度的練習會讓內臟疲勞，有時會吃不下飯。即便如此，我還是會跑。人本來就不可能都不餓肚子，想著三餐都要吃飽本來就不合理。能吃的時候再吃就好，怎麼能因為沒辦法吃飯就降低練習的量和品質。

　　馬拉松這種運動就是再累也要繼續跑。如果感覺能破紀錄的話，即便狀態不好也會想努力吧？我認為練習時的態度會延續到比賽上。

　　還有另一件事，就是和他們集訓的時候，我最重視會議。每位選手都很貪心，想到集訓只有一個星期，就覺得什麼都想練。然而，正確掌握自己現在的能力，然後做高強度的練習很重要。

　　我不只要求他們確實思考後再練習，也和他們所屬的大

學教練共享練習菜單。選手和教練看到的狀態不一定一致。因此，我把心思放在對照教練的意見，搭配適合選手的練習內容。

冬季也舉辦了以小學生為對象的兒童營隊。這些孩子年紀還小，除了加入遊戲元素讓孩子了解田徑的樂趣，也把重點聚焦在「夢想」上。

譬如說我從小就有一個想成為奧運選手的遠大夢想。但是，我小時候不知道該怎麼實現這個夢想。為了更靠近自己的夢想，具體上應該做些什麼呢？我認為把步驟細分、明確化，不只能應用在田徑比賽上，對所有夢想也都很有用。因為孩子有很多選項，所以今後我想繼續提供不局限於競賽、能夠拓展視野的活動。

在這些活動中，我了解到指導大學生很簡單，但是要讓孩子了解我學到的東西很難。我不能只教我想教的東西，也必須梳理憑感覺了解的事情用語言傳達，這些都讓我學到很多。除此之外，我也深切體悟到，站在選手的角度一起思考訓練內容、想像選手的心情很重要。和大學生一起集訓的時候，我從來沒想過這些事。

雖然做的事情不同，但是每個經驗都是一種學習。雖然現在為備戰奧運而忙碌，但是我一直想著，奧運結束之後一定要讓傑精英計畫踏出新的一步。

2021年3月11日

2021

3/9～3/31
in Iten, Kenya

在肯亞伊滕

──3月9日（二）

雨

早上　14英里

下午　7英里

合計　21英里

──3月10日（三）

雨

早上　13英里

下午　7英里

合計　20英里

──3月11日（四）

晴

早上　14英里

下午　7英里

合計　21英里

　　哥哥的生日。我說要送他紅酒，但還沒送出去。我哥哥擁有緊急醫療技術員的執照，以前在日本舉辦兒童跑步營隊的時候請他來，真的幫了我很大的忙。

──3月12日（五）

晴

早上　訓練（編注：重點練習。以下不公開詳細內容。）

下午　7英里

──3月13日（六）

晴

早上　12英里

　　練習時因為跑的距離越遠就會越疲勞，即便是一些小事都會讓我很煩躁。在沒有比賽時聽來無關緊要的有趣對話，這時候我都能找出負面元素。看「DaiGo先生」的YouTube頻道時，他說：「跑過頭的話（編注：做超過四十五分鐘的有氧運動）體內的壓力賀爾蒙，即皮質醇會增加。」皮質醇增加會讓人變得焦躁，而且皮質醇有刺激食慾的效果，所以跑步不會讓人變瘦。也就是說，跑過頭對身體健康反而有害。我覺得他說的沒錯。老婆經常說：「你為什麼這麼焦躁，好像月經來一樣。」我想這應該是賀爾蒙產生的影響吧。

　　即便如此，該做的事情還是要做。雖然知道自己因為一點雞毛蒜皮的小事而焦躁，但是這種時候我也不會抵抗，只能告訴自己這也是無可奈何的事。有自覺比較重要。

─3月14日（日）

晴

早上　LR　23英里

　　弟弟離開伊縢了。他在這裡待了三個星期，幫我拍攝廣告和雜誌。

─3月15日（一）

雨

早上　　13英里

下午　　7英里

合計　　20英里

　　弟弟回去之後，我多了獨自思考的時間，這時候我才發現原來弟弟也是雜訊之一。錯不在他身上，但是即便我身在肯亞，也會透過弟弟接收到外面的各種要求和大量的資訊。我想他的立場也很兩難。他才剛開始當我的助理，也是第一次做這種工作。他既扮演連結企業的角色，也扮演阻擋企業的防火牆。當我說「只能做到這個程度」的時候，他的工作就是想辦法和企業斡旋。我想應該很難拿捏輕重。因為他是第一次做這種工作，所以身為哥哥的我就會負擔變重。以我的立場來說，有些事情一定要跟企業講清楚。這和運動員截

然不同，來自競賽之外的壓力。

——3月16日（二）

雨

早上　訓練

下午　7英里

——3月17日（三）

雨

早上　14英里

下午　7英里

合計　21英里

　　新的贊助商提出想在YouTube頻道上播出的構想，所以我想說既然如此不妨開一個自己的YouTube頻道。

　　因此，以前隱藏在水面下的黑粉紛紛冒出來。唉，真的很煩。雖然我覺得這也是沒辦法的事，但是如果對方擅自覺得自己贏了，我就會很火大。

　　這些真實體驗應該也會漸漸變成自己的一部分吧。我想如果是我的話，應該能適應。

　　在奧運之前，該做的事還是要做。選手的壽命不知道什麼時候會結束。單純看追蹤數的話，現在是最多的時候。

推特、IG、YouTube、俱樂部會所（Clubhouse）我都有經營，但是IG最適合我。想寫的時候，我會好好思考再寫。像俱樂部會所那樣要一直說話很難。有些人能做到，但我不是那種類型的人，我比較喜歡像拼拼圖那樣一塊一塊地慢慢累積，所以後來都沒有用俱樂部會所了。

——3月18日（四）

雨

早上　10英里

下午　7英里

合計　17英里

——3月19日（五）

雨

早上　訓練　10英里　節奏跑

下午　7英里

合計　17英里

彼得教練從奧勒岡（Oregon）來到這裡。我們上次見面是去年十一月。他預計在這裡待二星期。我們聊到產品和包裝的話題。針對產品，我們討論的是如何讓「自己」這項商品的品質提升；而包裝，則是討論如何讓表面看起來漂亮，

或者是商品本身該怎麼變漂亮。針對彼得寄給整個團隊的信件內容，我說出自己的意見。

——3月20日（六）
雨
早上　　12英里
下午　　7英里
合計　　19英里

找傑精英計畫要用的房子。今天去看埃爾多雷特的房子。我原本覺得在奈洛比附近就好。埃爾多雷特雖然有房子，但還是伊滕那邊的環境比較適合做馬拉松訓練。伊滕的好處是很鄉下，打開門就能跑步。但是，如果地點要選在伊滕，就得自己買土地蓋房子。既花時間又耗精力。到底該從哪裡下手呢？希望在奧運之前能有個方向。

——3月21日（日）
雨
早上　　LR　24英里

為了拍YouTube用的影片，我邀請早稻田大學賽跑隊時期的隊友、現為東京大學特聘研究員的竹井尚也來對談。主

題是他的專業領域「低氧訓練」。我是在四、五年前開始做低氧訓練。雖然現在已經很習慣了，但是能夠再次聽他談高海拔訓練需要注意的事項，我覺得很好。帶著科學和主觀感受兩種評斷基準，保留一點彈性比較好。這一點我很認同。不過，我們能做的還是只有努力練跑。

──3月22日（一）

晴

早上　13英里

下午　7英里

合計　20英里

──3月23日（二）

晴

早上　訓練

我從早上就身體狀況不佳。從事馬拉松訓練時經常會碰到這種情形。免疫力下降，喉嚨越來越痛，說話也有鼻音。如果是在奧勒岡的話，還有可能被小孩傳染感冒。肯亞則是有粉塵的問題，所以可能因為這樣而導致喉嚨痛。集訓的時候，一定會碰到一次這種狀況。這次應該也一樣吧。

──**3月24日（三）**

晴

早上　14英里

下午　7英里

合計　21英里

　　雖然身體尚未完全復原，但我還是重啟練習。以前也是花一到二星期的時間，邊跑邊修復。我喜歡在每星期的前半段多跑一點，所以即便休息一天，每星期的累計里程也不會減少。二月參加派對的時候也一樣，我已經預想到隔天會宿醉，所以在那一週的前半段就先大量練跑了。

　　不過，彼得倒是很恐慌。

──**3月25日（四）**

晴

早上　13英里

下午　7英里

合計　20英里

　　因為新冠肺炎在奈洛比傳染開來，所以這個月沒辦法去那裡放鬆了。不過，我已經待在伊滕兩個月，一直在這裡也不覺得辛苦。畢竟現在身體很疲勞，我反而不想到處跑。

─3月26日（五）

雨

早上　訓練

下午　5英里

　　奈洛比和主要的五個都市開始封城。伊滕這裡完全沒有緊張感，大家還是像往常一樣不戴口罩。

　　我想到遠在奧勒岡的家人。

　　去年後半開始就有很多集訓。在去年的東京馬拉松之後，從三月底到七月中都沒辦法待在一起。在那之後，九月有幾週是傑精英計畫的宿營，十月又到亞利桑那州的弗拉格斯塔夫（Flagstaff）集訓。接著就是十二月的日本資格賽，我參加了一萬公尺的賽事。之後雖然在日本度過假期，但是沒什麼時間見面。幾乎有九個月的時間沒辦法和家人在一起。

　　有自己的時間之後，想起家人不免覺得寂寞。可能是因為我找到六年前的十一月拍的照片吧。我今天把那張照片發到IG了。那是全家人搬到奧勒岡的時候，我和小孩一起玩的照片。

　　「我應該不需要向認識我的人多作解釋吧。我有多熱愛跑步、交出哪些成果、做了哪些犧牲。

　　我為了東京奧運，一直跑到現在。然而，不幸的是奧運有可能辦不成了。

　　我們很可憐嗎？我不這麼想。因為這七年來，我以東奧

為目標持續奔跑的記憶和成長不會消失。

馬拉松這項運動，會因為達成目標而帶來莫大的喜悅和價值。我相信跑步的過程也和成果有同等的價值。

我今天看著這張照片，在心裡發誓，無論會不會舉辦東京奧運，我都會努力到無愧於自己，一直朝著自己決定的目標跑到底。」（擷取自IG）

──3月27日（六）

雨

早上　訓練　5 × 200公尺

訓練結束之後，我從平常停下來的商店附近朝飯店走了大約一百公尺左右，就有數名警察朝我這裡衝過來。正當我在想「咦，怎麼回事？」的時候，警察說：「你沒戴口罩，我們要逮捕你！」伊藤當地本來就沒什麼防疫準則，我身邊的人也說跑步或訓練的時候不用戴口罩，所以我就直接出門跑步了。警察架起我的手臂，把我拖進像是軍用車的卡車上。等等，我就住在這裡，而且身上沒有手機，無法聯絡律師和教練。我和警察談了五到十分鐘，他們才終於放我回飯店。飯店的工作人員和教練一起說服警察，告訴他們：「你難道要逮捕選手嗎？他只是在跑步而已。」警察好不容易才聽進去。

彼得因為這件事變得非常焦急，甚至說肯亞封城很不妙，必須趕快離開這裡。這時我開始思考該怎麼辦。說不定星期一、星期二就無法從埃爾多雷特飛到奈洛比了。如果是這樣的話，我就必須馬上做核酸（PCR）檢測。我開始找可以馬上做檢測的地方，最後一刻在埃爾多雷特找到一個小時後就可以做檢測的醫院。醫院沒有什麼社交距離的規定，大家還擠在結帳櫃檯爭論不休。

我從星期二開始就身體不舒服，說不定已經感染病毒了。

──3月28日（日）
晴
早上　LR　22英里

彼得焦急地說要趕快去奈洛比準備搭機。我本來就因為簽證的關係，不能在肯亞待超過半年，所以原本就預計中途要出國一次。如果順利的話，四月上旬要去義大利參加比賽，然後待一、二週。但是多方調查之後，發現從義大利回美國可能也會有諸多限制。尤其是有簽證問題的人。我本來就打算回美國一趟，這個時候比起為了一場比賽飛去義大利，還不如盡早回美國，參加美國的賽事比較好。義大利那場比賽本來就沒打算完跑，預計只跑二十至二十五公里。當初只是因為辦在托斯卡尼（Toscana），我想去看看而已。

——3月29日（一）

奈洛比　晴

　　因為我還是會咳嗽、流鼻水，所以為了以防萬一，我再到日本人在奈洛比經營的實驗室做了一次核酸檢測。

——3月30日（二）

奈洛比　晴
早上　五點起跑　訓練　X × 3分鐘　合計　50公里

　　在埃爾多雷特做的檢測結果出爐，是陰性。我鬆了一口氣。之前我一直很緊張，但是一想到或許可以見到女兒們又覺得很開心。

　　因為知道三十一日要搭飛機沒辦法練跑，所以我早起多跑了一點。

　　我們先飛到杜哈（Doha），在機場內的飯店住一晚。我在健身房跑了十三公里。

　　今天是結婚十週年的紀年日。我送花給老婆。

——3月31日（三）

杜哈　晴
飛往波特蘭。

發到IG的照片，2015年11月全家剛搬到波特蘭的時候

2021
4/1～4/19
in Portland,
Oregon

在奧勒岡州波特蘭

──4月1日（四）

波特蘭　雨

　　花了三十二個小時，我終於抵達睽違三個月的家。我刻意瞞著女兒，本來想嚇嚇她們，結果出乎意料地反應平平。

──4月2日（五）

晴

早上　訓練

下午　7英里

　　在美國，接種疫苗的速度很快。無論有沒有國籍都可以接種。先從醫療人員開始施打，接著大家都可以接種疫苗。奧勒岡好像會在四月中旬或月底開始打疫苗，所以我馬上就去預約了。如果有哪個州可以提早施打，我說不定會專程去那裡打疫苗。

──4月3日（六）

雨

早上　12英里

　　回家之後，我睡眠的時間就變長了。在高海拔地區持續

高強度的訓練，修復的速度會變慢，所以回到平地之後疲勞感就會大量湧現。

——4月4日（日）

雨

早上　LR　25英里

——4月5日（一）

雨

早上　13英里

下午　7英里

合計　20英里

——4月6日（二）

晴

早上　訓練

下午　7英里

——4月7日（三）

雨

早上　14英里

下午　7英里

合計　21英里

　　身體終於恢復了。這星期練跑的里程比較少。我把練跑的距離縮短，但是加快速度。上星期因為搭飛機的關係沒什麼休息，所以我一邊修復身體一邊找回跑步的速度。

──**4月8日（四）**

雨

早上　　10英里

下午　　7英里

合計　　17英里

──**4月9日（五）**

晴

早上　　訓練

下午　　7英里

　　這幾天有時間能和家人輕鬆地度過。

　　今天我和2012年剛到奧勒岡時就很照顧我的前日本耐吉（Nike Japan）員工吃飯。在那之後過了九年啊！以前都是因為有很多人幫助，我才能走到今天。有可以依靠的人真的很重要。我們聊著聊著，我突然想起當時的點點滴滴，據說快

死的時候「記憶會像走馬燈一樣湧現」，我想大概就是指這種感覺吧。

———4月10日（六）

晴

早上　12英里

———4月11日（日）

雨

早上　LR　21英里

———4月12日（一）

晴

早上　13英里

下午　7英里

合計　20英里

———4月13日（二）

晴

早上　訓練

下午　7英里

──4月14日（三）

晴

早上　10英里

下午　6英里

合計　16英里

──4月15日（四）

晴

早上　10英里

下午　3英里

合計　13英里

──4月16日（五）

晴

早上　訓練

下午　6英里

　　我預計十八日要參加一場半馬賽事，所以到附近慢跑的時候順便去看了一下路線，但是發現這場大賽竟然不是全程都在公路上，中間還會經過未鋪設柏油的小徑。我想這樣跑起來應該不怎麼舒服，所以跟教練商量，改到波特蘭北部的索維島（Sauvie Island）獨自做計時賽的練習。

── 4月17日（六）

晴

早上　10英里

　　為了準備比賽，這星期把練跑的距離降到百分之七十至八十，所以身體覺得非常輕盈。感覺很不錯。我把在肯亞那段時間視為奧運前的一個訓練季度，所以想把比賽當作是訓練總結。這也是為了定期培養瞬間感受比賽流程改變的感覺。雖然最後只有我一個人跑，但是我希望能以正式比賽或超越比賽的品質去跑。

── 4月18日（日）

晴

　　八點開始半馬的計時賽。我請彼得騎腳踏車領跑，速度大約是二分五十五秒至五十六秒。因為我的目標是六十二分，所以六十一分十九秒還算可以。感覺很好。我一點也不緊張，帶著輕飄飄的心情跑完了。

── 4月19日（一）

晴

早上　8.5英里

4月18日的半馬計時賽。

波特蘭對我的意義

自2020年11月回日本之後，睽違五個月回到波特蘭。久違地和家人一起團聚，我一邊回首過往一邊思考：「對我而言，波特蘭到底有什麼意義？」我以前不太回憶過去，所以這可能表示我心境所轉變吧。

六年前移居波特蘭的時候，我完全不會說英文。連要在銀行開戶也不知道要準備什麼文件，每次去都缺資料，導致我去了好幾趟銀行。初來乍到的新手，要在美國的道路上駕駛真的很恐怖。生活到處都是阻礙，每天都過得亂七八糟。所以，當時團隊要我住在奧勒岡的時候，我就心想「如果想太多的話一定會很辛苦，總之先試試看再說」，並沒有覺得這件事多困難。現在回想起來，當初真的是處於麻痺狀態耶！

大學時期第一次參觀耐吉奧勒岡計畫（Nike Oregon Project）的時候，有很多讓我驚訝的地方，譬如說「原來要

做這麼多體能訓練」、「國際頂級的選手都不斷重複高強度的練習」。所以，我加入的時候，對訓練的方法毫不懷疑，一開始就決定要相信彼得・朱利安。當時我們是師徒關係，但是彼得非常仔細地說明訓練內容，和日本的師徒關係完全不同。

在那之後經過六年，我們一起累積訓練的經驗，師徒關係也慢慢開始產生變化。現在我和彼得是能夠暢所欲言的對等關係。彼得會以教練的角度判斷事物，再給我建議。我則是站在運動員的立場反映意見。彼得會尊重我的回饋進一步作調整。無論是身為一個人還是一名教練，彼得都值得我尊重，現在我們之間的關係就像朝著相同目標前進的同志一樣。

2019年10月耐吉奧勒岡計畫解散的那天，我是透過電話接到耐吉通知。「耐吉奧勒岡計畫正式解散。不過，耐吉的贊助不會中斷，所以請你放心。」

因為對方說我和彼得之間的關係也能繼續維持下去，所以團隊解散並沒有讓我動搖。

耐吉奧勒岡計畫解散之後，彼得自己組了一個團隊，但是我選擇和這個團隊保持距離。我確實是因為隸屬耐吉奧勒岡計畫才變強，不過，如果耐吉奧勒岡計畫能讓我變強，或許在其他環境也能有效果。

雖然我在馬拉松賽事上有留下一些成果，但是在團隊

中，我的優先順位還是很低。我從來沒領過獎金，也沒有拿到特殊的好處。耐吉奧勒岡計畫因為禁藥風波造成熱議，連我都被外界懷疑。因此，解散的時候，我便開始思考：隸屬一個團隊的好處到底是什麼？結果，我發現團隊除了有彼得教練之外，沒有什麼好處。

「如果我加入你的團隊，能得到什麼呢？」

我很清楚地傳達自己在耐吉奧勒岡計畫的體悟，他也尊重我的意見。當然，我現在仍然很敬重彼得，我想彼得也很尊重我。

之前還曾經發生過一件事。2020年東京馬拉松之前，彼得說：「我太忙了，集訓時沒辦法跟你會合。」他指導很多選手，或許真的很忙。不過，這是他自己的選擇。他應該可以限制選手數量，讓自己不要這麼忙，沒有道理讓我受到影響。

我的結論是「你可以不來集訓，也可以不來東京。但是如果你不能來集訓的話，你就沒有資格站在我的終點線上。」結果他調整了自己的行程，來參加我的集訓。這次我也跟彼得說「你可以不來」，但他還是來肯亞了。

我為了讓自己變強，貪婪地要求我需要的東西。因此，不喜歡的事情我一定明說，有時候也會和身邊的人吵架。因為我認為，不與他人為敵、四平八穩地過日子或許很輕鬆，但是這個世界沒有這麼簡單，不可能用這種態度挑戰事物或

者得到碩大的成果。

以短視的角度來看，我就只是單純在吵架。彼此的意見有衝突也是壓力的來源之一。為了讓周遭的人認同我，我會告誡自己要謹言慎行，這樣的態度最後也能讓自己成長。

彼得幾乎不會指示我練習的細節，但是他會問：「試試這個如何？」如果我提出疑義，他會確實地說明，消除我的不安和疑慮。

我從彼得身上學到，不要以指導者之姿凌駕於選手之上，而是把想法丟給選手，讓選手去思考，這一點很重要。當然，這就要看選手會不會有反應了。可能有些選手不會注意到，有些選手會左耳進、右耳出。不過，我覺得紮紮實實找到答案心情會比較清爽，也會讓自己有所成長。對於不懂的事情，我會帶著自己的意見和彼得討論。我一直很重視這一點。也有一部分是因為我這人就是沒辦法忍耐啦！（笑）

現在的我，只要負責丟球給教練。然而，總有一天我會變成接球的那個人。我希望打造一個能讓選手盡全力丟球的環境。

在彼得到肯亞會合前，他寫了一封信給所有自己指導的選手。這封信的主題就是「產品與包裝」。

「大家都太專注在包裝，也就是如何讓表面看起來漂亮這件事情上。對運動員來說，最重要的是產品，也就是提升自己的品質。然而，很多選手都做不到。我和團隊都有在用

社群媒體，但是有太多選手被社群媒體束縛，變得只會出一張嘴。現在有人正在肯亞燃燒自己累積訓練的經驗，你們也應該確實鍛鍊自己才對。」內容就是把身在肯亞的我和其他選手作比較。這段文字雖然不是在批評我，但是讀了之後感覺他好像在對我說：「運動員不應該思考怎麼包裝自己，而是要專注在提升自己這項產品的品質。」說真的，我有點火大。我想等彼得來肯亞之後，好好跟他談這件事。

我來肯亞當然是為了提升自己的能力，但是我們這種小眾的競賽，不像足球或棒球，如果沒有刻意思考包裝，就無法讓選手和競賽的價值最大化。如同彼得所說，要同時提升產品和包裝的品質，其實是很莽撞又很艱困的事情。然而，考量引退後的規劃，包裝仍然是必要選項，我當然想要趁現在做好能做的部分。除此之外，我們做這些事，或許能讓以後的選手放下對第二職涯的不安。

「你了解我是抱著這種心情在發言的嗎？」

我這樣問的時候，彼得說：「你說的沒錯，但是我想傳達的對象是其他選手。」

我從以前就經常和他聊到動力的重要性。我認為教練的工作是把過度積極、拼命過頭的選手拉回來。教練很難支援膽怯、喪氣的選手，或者是推著這種選手向前走。即便是隸屬耐吉奧勒岡計畫的頂級跑者，也會在需要繼續堅持的時候用不合理的速度去跑。當然，我以後或許也會出現一樣的情

形，或者擔心自己是否已經開始疲勞。

另一方面，我覺得「得到別人支持而有動力的人」和「有動力卻總是需要別人拉一把的人」差距很大。一直想著別人來拉自己一把的話，即便能力很強，也無法真正進步。

耐吉奧勒岡計畫解散的時候，我沒有什麼想法。不過，解散數年之後，我發現以前的隊友當中也有一些目標意識很薄弱的人，這才意會到當時那個團隊有多好多重要。

頂尖運動員都在各自努力，看到那樣的態度，大家當然會受到刺激繼續拼命練習。這也會慢慢變成大家的動力。以一個團隊的形式，拿到個人的勝利，逐漸累積成果。我現在才體悟到這就是耐吉奧勒岡計畫的功績。

2020年4月

低氧訓練

　　最近，日本的低氧健身房也越來越多，我想應該有很多市民跑者有在應用這種訓練方式。我自己家裡也有低氧房，也曾在世界各地進行高海拔訓練。不過，我只能以過去的經驗為基礎，安排訓練菜單。今後我即將成為指導者，所以一直覺得應該確實了解低氧訓練的效果才對。

　　早稻田大學賽跑隊時期隸屬短跑部的同學竹井尚也，當時是非常瘋狂的選手，現在則是東京大學特聘研究員，針對跑步進行各種研究。

　　因此，這次在肯亞集訓的時候，我透過網路請教他低氧訓練的事情，心想這或許對市民跑者也有幫助，所以在YouTube上面公開了影片。我想綜合自己的經驗和竹井尚也的解說，針對低氧訓練作說明。

　　低氧訓練大致有兩種方法。一種是減少空氣中的含氧量，稱為「常壓低氧」，也就是低氧房；另一種是藉由改變

大氣壓力減少氧氣密度的「低壓低氧」。這就是所謂的高海拔訓練。

進行低氧訓練的時候，肌肉中的血管量和創造能量的酵素會增加，品質也會變得更好。這就是低氧訓練有助於持久型競賽的原因。

高海拔訓練沒有嚴格的基準，但是以田徑來說，超過一千公尺就能列入高海拔的參考紀錄。不過，據說在海拔一千五百至二千公尺左右的時候，訓練效果很難有差異，海拔二千公尺以上的訓練效果會比較好。低氧健身房的氧氣濃度應該也是設定在二千至三千公尺左右。

順帶一提，我集訓的地點伊滕，海拔為二千三百九十公尺，比富士山的五合目還要稍微高一點。從這個角度思考的話，日本國內很少有超過海拔二千公尺的訓練地點，所以很多運動員會到波德或肯亞等地進行高海拔訓練。

海拔超過二千公尺，運動表現就會降低百分之十至十五。如果用平常的距離和速度跑，就會超出身體負荷。因此，設定訓練強度時，有兩個基準點。

一個是血氧飽和度（SpO2）。在平地保持不動的時候幾乎是百分之百。到海拔二千至三千公尺之後，光是站著就下降百分之五至十，訓練時又會再下降百分之五至十。如果想要確實獲得效果，能夠長時間運動的話，運動負荷大概落在百分之八十至八十五最理想。

剛到高海拔地區的時候血氧飽和度會大幅下降，但是經過一星期到十天之後就會慢慢提升。不過，數值的變化每個人都不一樣，所以每天早上測量的時候，如果數值有上升，就可以稍微提升當天的訓練強度，隨機應變作調整會比較好。

　　在低氧健身房也是一樣，還不習慣的時候，千萬不要做負擔太大的訓練。很多健身房都有脈搏血氧儀，訓練途中也可以測量血氧飽和度的數值，隨時確認自己有沒有超出身體負荷。

　　不過，血氧飽和度太低的話也沒有效果。尤其是停留在低氧健身房的時間很短，安排強度較高、讓自己覺得「有點喘不過氣」的練習會比較有效。

　　另一個強度的參考基準就是心率。在低氧狀態下做一樣的運動，心率也會比平常快，因此可以把目標放在和平常訓練時相同的心率，但如果想要練最後衝刺，則可以設定在比平常稍強的強度。大概維持在最大心率的百分之九十就可以了。

　　但是，我加入耐吉奧勒岡計畫的時候，高海拔訓練並沒有測量血氧飽和度和心率。因為已經習慣了這樣的運作模式，所以我自己也不會測量，只是以自己的疲勞感為基準調整訓練。

　　譬如說，這次去伊滕集訓，剛開始是進行三十公里至

三十二公里的長距離慢跑訓練。畢竟集訓時間很長，所以我不用勉強自己，經過三星期之後，我才開始做強度稍高的長跑訓練。

因為沒辦法和平地做一樣強度的練習，所以有人說低氧訓練會降低肌力和肌肉量。因此，低氧訓練有很多種方法。

我自己的方式是「生活在高海拔、訓練在高海拔」，也就是生活和訓練都在高海拔地區的意思。

在高海拔地區運動的話，速度無法提升，所以也有人認為應該在低海拔訓練，也就是「生活在高海拔、訓練在低海拔」。無論哪一種，都是透過一天超過十小時待在低氧環境中，讓紅血球增加，提升傳送氧氣的效能。

最新的思考方式是「生活在低海拔、訓練在高海拔」。低氧健身房就是採用這種思維，日常生活都在都市，只有訓練的時候在低氧環境。這種方法風險最小，可以推薦給初學者和市民跑者。

此外，第一次進行高海拔訓練的時候，事前在低氧健身房讓身體習慣也很有效。不過，這種方法因為停留時間短，所以紅血球的量不會因此增加。

我在肯亞的時候，每個月會有一次到海拔一千六百公尺的奈洛比待一星期，進行速度訓練。以一千公尺跑二分四十秒左右的速度，跑十二回合八百公尺。我有時會減少回合數，透過減少跑步的距離調整訓練強弱。

對我來說，上述的訓練是很普通的訓練內容，但是竹井尚也卻很驚訝地說：「這個強度一般人是辦不到的！」所以，可能沒辦法讓大家參考。

我現在所在的弗拉格斯塔夫，海拔二千至二千一百公尺。開車一小時就會抵達海拔一千四百至一千五百公尺的半高原城市塞多納（Sedona）。再開一個小時就抵達鳳凰城，海拔會降到六百至七百公尺。因為幾乎等於回到平地，身體得以修復，而且這裡也能做肯亞辦不到的「生活在高海拔、訓練在低海拔」的訓練模式。

前面提到的都是優點，但低氧訓練其實也有缺點。

有些選手在這樣的狀況下會變得胃口不好，因為吃不下飯而體重減輕。而我現在已經適應高海拔環境，所以三餐都很能吃，不過以前的確曾經有過一段時間覺得很疲累又沒有食慾。

順帶一提，我在肯亞的飲食很固定，早餐是麵包、香蕉、咖啡；午餐是豆類、碳水化合物、湯；晚餐是燉雞肉或燉羊肉之類的蛋白質、碳水化合物，然後偶爾攝取蔬菜。我不常喝蛋白飲，比較重視平時的三餐確實攝取均衡營養。

在高海拔地區的睡眠品質明顯比較差。飲食和睡眠的品質都下降，體力恢復的速度就會變慢。而且喝酒容易醉，宿醉也不容易好。（笑）

因為免疫力下降，人當然會覺得很疲倦、疲勞。肯亞的

泥土地經常揚起粉塵，所以每隔一段時間我就會喉嚨痛、有鼻音。不過，練習一到二星期之後就會好轉，因此也不需要驚慌。

不過，這次不知道是不是因為長期集訓累積太多疲勞，回到位於奧勒岡的家之後，睡眠時間拉長很多，剛回來的一到二星期仍然覺得很疲倦。

即便在這樣的狀態下，為高海拔訓練作總結的半馬計時賽成績還是很不錯，所以回國三星期後，我就到亞利桑那州的弗拉格斯塔夫，再度進行集訓。然而，我似乎還是因為移動而累積疲勞，抵達的當天傍晚就開始不舒服。我開始出現高海拔訓練常見的低燒症狀，身體也很疲倦。從事高海拔訓練一定會伴隨身體發熱等不適，考量集訓前才剛打完新冠肺炎的疫苗，這天下午便暫停練習。

因為倦怠感沒有什麼變化，所以對於隔天早上的練習我沒有太勉強。練跑的距離雖然不變，但速度設定在每公里五分鐘左右。

長期從事運動競賽，一定會碰到一些意外。因此，一星期的練習菜單雖然大致固定，但是我也經常會擔心後半段會不會沒辦法像往常那樣跑。

我很喜歡事前加個保險，在每星期前半段或者自己覺得狀況好的時候多跑一點，這樣即使有時沒辦法練跑也沒關係。

竹井尚也告訴我，針對高海拔訓練與疲勞，運動科學的實驗也有相關報告。高海拔訓練後運動表現會變差，但是四十八至七十二小時之後運動表現就會提升。他說運動員憑經驗知道這一點，所以應該會在比賽前一至二星期回到平地讓身體適應，然後再參加比賽。我自己也打算在東京奧運前的最後一刻都待在弗拉格斯塔夫，大約在比賽前十天回到日本。

　低氧健身房最有魅力的地方就是可以減少這些風險。如果身體狀況不好，可以輕鬆回到常壓狀態。不過，無論什麼訓練都一樣，一星期一次是不會有效果的。低氧訓練必須在沒有間隔、重複訓練的狀態下才能促使微血管增生。一般而言，最少也要有六次訓練，但是根據竹井尚也的說法，有些人即便訓練到六次也沒有什麼效果，所以這個基準還是有點微妙。至少要一星期二次，乘上四星期；如果可以的話就一星期三次，乘上三星期，這樣才能有明顯的效果。如果要做高海拔訓練的話，至少需要二星期。持續一個月以上的話效果會更好。

　要多久身體才會適應？訓練強度要到什麼程度？低氧訓練的個人差異很大，所以最近提倡配合運動員自身的客製化訓練。

　不只是低氧訓練，運動員對事物往往會比較重視感受。主觀感受和客觀資料有時是一致的，但也經常差很多。覺得

狀況好的時候，可以單憑感覺練習，但狀況變差的時候，如果有客觀資料會比較容易分析是哪裡出了問題。擁有主觀感受和科學數值兩種評斷基準，我覺得非常重要。

2021年5月

2021

4/20~5/18

in Flagstaff
Arizona

在亞利桑那州弗拉格斯塔夫

──4月20日（二）

晴

早上　訓練

下午　10英里

合計　23英里

　　從今天開始又要做高海拔訓練，所以我來到亞利桑那州的弗拉格斯塔夫。我問大女兒要不要一起去，她說要，所以我就帶她來了。這是她第一次和爸爸一起參加集訓，應該會是很難得的經驗。抵達之後，有一個廣告拍攝的工作。

──4月21日（三）

晴

早上　14英里

下午　7英里

合計　21英里

　　我接種了新冠肺炎的疫苗。

　　因為參加半馬、跨國移動、來到高海拔地區等行程接連而來，讓我身體狀況變得不太好。

　　從年初開始，我為了備戰奧運刻意減少雜訊，但是事情並不順利。我是不是該趁雜訊減少一點的時候，慢慢開始習

慣呢？習慣雜訊或者是從雜訊中分裂出來？

──4月22日（四）
晴
早上　　15英里
下午　　7英里
合計　　22英里

　　我帶女兒去距離弗拉格斯塔夫一個半小時車程的大峽谷
（Grand Canyon）。

──4月23日（五）
晴
早上　　訓練
下午　　7英里

　　今天帶女兒去車程一個小時的塞多納。

　　昨天和今天開車的時候，我冒出很多想法。

　　去年十一月為了參加日本資格賽回到日本的時候，我就想到可能暫時沒辦法回家。因為我預計從日本飛肯亞，直到奧運之前都沒有預計要回家。結果出現意外狀況，我回到波特蘭。回來之後，我重新思考自己從波特蘭這片土地、耐吉

奧勒岡計畫學到什麼？除此之外，還想到現在彼得的團隊裡面有些消極的選手，氣氛並不是太好。

所謂的傳承到底是什麼？我從耐吉奧勒岡計畫究竟得到什麼傳承？我必須把它延續下去才行。

傳承的內容並不難。單純就是了解身為專業運動員應該要有什麼態度之類的事情。只要不斷練習，一定會有某個瞬間很辛苦，也會碰到很艱困的環境。這種時候百分之百竭盡全力很重要。大家都知道這個道理，但實際上要貫徹很困難。看到蓋倫等人（編注：蓋倫．魯普（Galen Rupp），前耐吉奧勒岡計畫成員之一，里約奧運男子馬拉松銅牌得主），我就覺得沒有其他團隊能如此貫徹這個原則。

這雖然是理所當然的事情，但也是非常重大的傳承。這就是我在耐吉奧勒岡計畫學到的東西。親眼見證過一切的我，必須把這些延續下去。

這種東西無法用語言表達，也無法間接說明。必須要直接面對面，看著對方的眼睛才能傳達。我希望今後可以在傑精英計畫或者有機會和選手一起練習的時候直接傳達，但是目前我還是現役運動員，所以想透過比賽讓大家去感受。我想要用無愧於這項傳承的態度面對。

這種感覺和之前我在IG上發小孩的照片一樣。該說是感傷嗎？平常我不太會這麼想，但是這有一種告一段落的感受。難道是因為塞多納是超自然景點嗎？

───4月24日（六）

晴

早上　12英里

　　女兒要回波特蘭，所以我開車往返位於鳳凰城的機場。回程是她第一次自己搭飛機，所以有點擔心，不過她平安回到家，我就放心了。

───4月25日（日）

雨

早上　LR　25英里

　　我原本想在五月下旬回到肯亞，但是我又覺得美國有美國的好處。畢竟這裡是我從事競賽的原點。肯亞也很好，所以這段時間我一直很煩惱。再加上疫情的狀況也不明朗，最後，我決定在這個為自己的田徑生涯帶來轉機之地，累積練習直至奧運前一刻。而且，我的教練也在這裡。

───4月26日（一）

晴

早上　13英里

下午　7英里

合計　20英里

────4月27日（二）

晴

早上　訓練

下午　7英里

　　隸屬於「GMO網路集團」的吉田祐也來到弗拉格斯塔夫。我們短期之內會一起練習。

────4月28日（三）

晴

早上　14英里

　　身體狀況一直不太好。早上跑完之後體溫就開始上升，所以下午決定休息。其他工作也暫時取消了。

────4月29日（四）

晴

早上　10英里

　　身體狀況還是不太好，只有早上練跑。以每公里五分鐘

的速度慢慢跑。

晴
早上　訓練
下午　7英里

雨
早上　12英里
下午　7英里
合計　19英里

　　透過「Airbnb」這個租屋網站，我在弗拉格斯塔夫租房子到五月中旬。我正在這附近找尋集訓用的房子，所以今天去看房。

　　今天看的是聯排住宅，很像日本的長屋，住宅彼此相連在一起。差不多決定就是這裡了。如果順利的話，六月上旬就能入住。

　　肯亞那裡我也在找房子，不過看來還要花一段時間，所以我決定先在美國買房。

　　我曾經在科羅拉多州的波德、猶他州的帕克城、弗拉格

斯塔夫、肯亞做過高海拔訓練。以入門的角度來說，弗拉格斯塔夫非常好。海拔高度在二千至二千一百公尺，往下到塞多納的話，海拔可降到一千四百至一千五百公尺，到鳳凰城的話，就降到六百至七百公尺，所以適合修復疲勞。完全可以實現「生活在高海拔、訓練在低海拔」的環境。

第一次做高海拔訓練就到海拔二千四百公尺的肯亞，難度很高。實際上，沒有日本選手在肯亞成功訓練過。我想這是因為大家都在還沒建立好高海拔訓練的基礎時，就跑去肯亞，所以才會失敗。

弗拉格斯塔夫周圍被國家公園圍繞，真的是個很棒的地點。除了自己本來就有需求之外，我還想和其他人分享。三年前就想過要在這附近買房子，而目前地價已經比當時漲了百分之五。今後這裡的房子應該會更受歡迎。

──5月2日（日）

晴

早上　LR　24英里

因為疫情的關係，有很多事情都能遠端完成，我開會的次數也增加了。我正在慢慢篩選出應該優先的會議。我心中最重視的，就是如何開心地競賽。

其他時間，我希望能為此作準備。另外，贊助活動也是

必須做的事情。我現在手頭上有太多事情了。這或許是因為我本來就是習慣把行程塞滿的人。我會想要和別人見面獲得新知，一閒下來就會覺得很浪費時間。

正因為身處於這樣的時代，我更需要在某些地方關掉和別人交流的開關，保留與自己對話的時間。

希望六月時一切都能告一段落。

——5月3日（一）

晴

早上　　13英里

下午　　7英里

合計　　20英里

——5月4日（二）

先陰後雨

早上　　訓練

下午　　7英里

——5月5日（三）

先陰後雨

早上　　14英里

下午　　7英里

合計　21英里

　　昨天，日本在札幌舉辦馬拉松的奧運測試賽。可能受媒體擷取的畫面影響，我看到很多負面的地方。不過，在這之前的馬拉松和田徑賽上，實際上到底有多少病例呢？選手和相關人員都是因為檢測結果為陰性才能參加比賽。馬拉松賽事現場並非政府定義的三密（譯注：密閉空間、密集、密切接觸），只要控制好場邊加油的人數，幾乎沒有什麼風險，那為什麼還會有這麼多反對的聲音呢？

──5月6日（四）
先雨後陰
早上　14英里
下午　7英里
合計　21英里

──5月7日（五）
晴
早上　訓練
下午　7英里

──5月8日（六）

晴

早上　12英里

下午　7英里

合計　19英里

──5月9日（日）

晴

早上　LR　25英里（約3'35" / 公里）

　　往返單程十二英里的練跑路線。我和英國選手莫（編
注：莫‧法拉，前耐吉奧勒岡計畫成員，奧運五千、一萬公
尺金牌得主）、美國奧運代表選手一起練跑。

　　下午有睡午覺。

──5月10日（一）

晴

早上　13英里

下午　7英里

合計　20英里

大女兒也一起參與訓練。攝於弗拉格斯塔夫。

從女兒身上學到的事

在弗拉格斯塔夫集訓的時候，我第一次帶女兒一起去。

我原本就想說要帶她參加一次集訓。我的第一志願原本是可以體會有別於日常環境的肯亞。而且弗拉格斯塔夫什麼都沒有，要體驗文化衝擊的話，還是肯亞最好。不過，以她的年齡來說還太早，所以這次決定帶她去弗拉格斯塔夫。

我和女兒第一次單獨出外旅行。在家有媽媽和妹妹，所以我們很少有機會單獨兩個人說話或一起出門採買，因為這次集訓縮短我與她之間的距離，讓我覺得很開心。

如果這次集訓能讓她有所體悟，我當然很高興，不過我在和女兒待在一起的這段時間，從她身上學到很多東西。

有一次，彼得來家裡，我們談到傑精英計畫、彼得的團隊，還有一些和錢有關的事情。女兒長大之後也一副小大人的模樣，會想要參與這種對話。我覺得這樣的氣氛很好。在日本總有一種「不應該在小孩的面前談錢」的氛圍，還會說

「小孩去別的地方玩」之類的話。

然而，有關金錢的事情很重要，我覺得沒有道理在孩子面前避談金錢，反而應該讓孩子知道自己的生活中哪裡需要用錢，父親如何辛苦賺錢。透過這些方式讓孩子了解金錢的價值，對女兒們的未來非常必要。

我們雖然一起前往弗拉格斯塔夫，但回程女兒要自己一個人搭飛機回波特蘭。出發去機場之前她非常緊張，搭機前甚至還眼眶含淚。我以為她是怕飛機會墜機，所以安慰她說：「沒問題的，目前為止飛機都沒有掉下來過，對吧？」結果女兒氣呼呼地說：「不對！我是怕自己一個人搭飛機！」雖然有點誤會（笑），但是看到她努力的樣子，我也想起自己第一次完成一件事的樣子。

無論是誰，要挑戰新事物的時候都會很害怕，甚至怕到掉眼淚。即便如此，還是要盡自己所有力量去挑戰。

我再度體會到，無論挑戰的規模大小，鼓起勇氣面對並挑戰有多重要、多美好。希望以後還能再和女兒一起參加集訓。

2021年5月10日

——5月11日（二）

晴

早上　訓練　10英里　節奏跑

　　在弗拉格斯塔夫的高海拔集訓還剩下一星期的時間。

　　來到弗拉格斯塔夫之後，我就把練跑的距離拉長。之前將近三星期的時間，我都在奧勒岡的平地磨練速度，所以現在把距離拉回在肯亞練跑的程度，開始馬拉松的練習。訓練的強度也跟著提升。適應高海拔之後，比較容易消除疲勞，練跑的品質也變好了。

　　今天彼得有來，我們做了馬拉松的訓練。練跑的狀況非常好。我按照原先的設定內容練習，在身體和精神都疲勞的狀態下還是非常專注地跑完，我覺得這一點很好。

　　如果是高中生或大學生，可能從頭到尾都處於能夠專注練習的環境之中，但是成為職業選手、進入大人的世界之後，或多或少都會有競賽以外的壓力。以個人身分經營路跑事業的我，這種壓力或許會比別人多。即便出現阻礙自己練習的元素、對某件事感到焦躁、覺得哪裡不對勁，但是一旦開始訓練，我就會告訴自己：「這才是我真正的工作，如果不能百分之百投入，那麼傑精英計畫和其他的事業都毫無意義。」今天很順利地做到轉換想法這件事。

　　彼得，祝你五十歲生日快樂！

──5月12日（三）

晴

早上　14英里

下午　7英里

合計　21英里

　　本來有想過要回肯亞，但是最後決定留在美國。最大的理由之一就是我在弗拉格斯塔夫買了房子。因為已經確定六月八日要搬家，所以沒辦法回肯亞。除此之外，我了解自己在弗拉格斯塔夫也能專注在練習上，這一點也很重要。去肯亞要犧牲很多東西。我告訴自己一定要振作，藉由專注練習培養自信。美國是我認真開始田徑競賽的「起點」。我對這裡有其他的回憶，這也能成為我的動力。因為這七年來我一直在這裡努力，所以最後也要在這裡做個了斷，這樣的動力本質上就不一樣。只要我繼續高難度的訓練，無論在哪裡訓練，都能給我同等的力量。

　　這是心情的問題。重點不在於去哪裡，而是自己要做什麼、能做什麼練習。這一點，無論在肯亞還是弗拉格斯塔夫都一樣。

──5月13日（四）

晴

早上　15英里

下午　7英里

合計　22英里

──5月14日（五）

晴

早上　訓練

下午　5英里

合計　20英里

　　我答應電視節目近身採訪，所以瀏覽了其他受訪者的影片當作參考，結果看到漫畫家井上雄彥先生說：「我會做一些自己應付不來的事。」的確，回顧以前一路走來的歷程，我也是這樣。雖然今年有奧運，但是我從去年到今年嘗試了好幾個與賽事無關的嶄新挑戰。傑精英計畫、為了執行計畫找房子、想在奧運後開始地方巡迴、出書、電視採訪、上傳YouTube影片等。

　　無論哪一種比賽，賽前的壓力與不安都一樣，但是開始挑戰新事物時，感受到的壓力每次都不同。我想這只能在每次碰到的時候去學習。即便我有必須非常專注的事情，但仍然選擇挑戰新事物，這就是證據。

我會把事情想得很遠。雖然知道一定會很累，但是不做的話，我的未來一定會有風險。因此，我才決定這一年要拼盡全力，努力跑步，同時也挑戰各種我不熟悉的事物。

──5月15日（六）
晴
早上　23英里　LR　輕鬆跑

高海拔集訓到了尾聲，一起練習的吉田祐也好像也開始露出疲態。這是他第一次正式做高海拔訓練，所以會這樣也很正常。這是每個人必經的路。我幫他調整了一下，開出一組訓練菜單給他。

不過看他的狀況，我再度覺得自己算是練習得很好的人呢！

──5月16日（日）
晴
早上　7英里
下午　7英里
合計　14英里

我在推特上發了一篇文章，簡單描述我目前正在推廣以

「巡迴日本各地，向孩子傳遞跑步的樂趣」為主題的計畫。

　　這是傑精英計畫的一部分，等奧運結束，我想在日本各地開辦跑步學校。我想傳達的第一件事就是當運動員很棒。想告訴孩子們馬拉松跑者、田徑選手、運動員都知道哪些知識、技能。我在世界各地旅行，朝著一個目標，按部就班地練習。我覺得能做到這一點，就一定能在這個社會裡生存。如果能把這些觀念教給國中、國小的學生，他們的認知肯定也會有所轉變。我很想教孩子們自己學到的知識。

　　為什麼要巡迴日本全國？因為我目前的跑步教室都只以東京地區為主，其他地方的孩子沒辦法參加，我覺得不公平。我想要去到當地，教導國中、國小學生有意義的技能。

──5月17日（一）

雨

早上　　14英里

下午　　7英里

合計　　21英里

　　我現在擁有的東西很多。如果只想著自己的比賽，真的很危險。看著其他選手，我真的不想跟他們一樣。我之所以會去美國也是出於這個原因，我也很害怕引退之後會就此被淹沒。如果問我能不能在引退之後像擊劍選手太田雄貴先

生那樣成為競賽團體的高層，我真的沒辦法。那我現在到底能做什麼呢？思考這個問題的時候，我得到的答案是地方巡迴。

如果一心想著比賽就能跑得更快，那我也願意這麼做，但事實上真的是這樣嗎？

大家或許會認為選手三百六十五天、每天二十四小時都一心想著比賽就好。當然，我也是因為有能夠一心想著比賽的時間，才學習到即便不是投入二十四小時也能專注在練習上。我認為，在許多雜念之中仍能回到主軸上的韌性，也是讓自己在競賽上成長的關鍵。

而且，無論是身為競技選手還是單純的個人，都能變得更有深度。反之，這種作法也能強迫自己前進。應該說是不安嗎？「如果這樣做的話應該能贏某個人、沒做的話不知道會怎麼樣」這種不安很強烈，所以會促使人行動。想要把事情做好，這種想法會在第一優先順位。每個人都會有這種想法。這個時候在背後推你一把的就是不安的心情。我心裡總是擔心，要是在沒有達成任何目標的狀況下，現役選手生涯就結束，該怎麼辦？

想提升運動員地位也是地方巡迴的理由之一。一般人或許會覺得「運動員好厲害喔」，但實際在社會上人們真的很尊敬運動員嗎？我覺得沒有。我也想要改變這種現狀。

─── 5月18日（二）

晴

早上　下降到一千公尺的地方

　　　訓練　節奏跑與間歇跑的綜合練習

下午　喝酒

　　今天是為期四星期的弗拉格斯塔夫集訓最後一天。彼得也來了。我跑了很長的距離，但是表現非常好。配速也很棒。

　　訓練方面沒有太大問題，所以彼得和我都很放心。因此，我們聊了比賽之外的話題。今天談到彼得的團隊和傑精英計畫往後的合作。我們決定在彼此沒有競爭的部分互相協助。

　　弗拉格斯塔夫的每星期合計里程。

4／20～4／26　130英里

4／27～5／3　125英里

5／4～5／10　145英里

5／11～5／17　140英里

　　下午回到波特蘭，和從日本來的高木聖也一起喝酒。

2021

5/19～6/8

in Portland
and Flagstaff

在波特蘭和弗拉格斯塔夫

──5月19日（三）

雨

早上　13英里

在波特蘭接種第二劑疫苗。

──5月20日（四）

雨

早上　13英里

不知道是不是打疫苗的關係，我覺得身體很熱。吃了解熱鎮痛藥泰諾（Tylenol），但體溫還是在三十七點五度左右。今天只有早上練跑。

──5月21日（五）

陰

早上　訓練

下午　7英里

雖然仍然覺得很疲倦，但還是堅持練跑。

──5月22日（六）

晴

早上　LR　23英里

──5月23日（日）

晴

早上　7英里

下午　7英里

合計　14英里

　　今天滿三十歲了。雖然沒有特別想到這件事，但是孩子們和老婆一起歡樂地幫我做了蛋糕，所以很開心。生日讓我有藉口喝酒。蛋糕配紅酒。

　　感覺自己來美國已經好久了。這幾年一眨眼就過去了。

──5月24日（一）

晴

早上　14英里

下午　7英里

合計　21英里

──5月25日（二）

晴

早上　訓練

下午　7英里

　　週末要參加十公里的比賽，所以本週要稍微縮短練跑距離，把速度拉回來。

──5月26日（三）

晴

早上　14英里

下午　7英里

合計　21英里

　　前幾天電視節目的近身採訪結束了，我覺得這次讓我學到如何把自己的想法化為語言。因為我同時也在開會討論傑精英的巡迴計畫，這段時間也成為我琢磨自己應該在什麼地方說什麼話的好機會。

──5月27日（四）

雨

早上　14英里

下午　7英里

合計　21英里

明天要參加在波特蘭格里斯沃爾德體育場（Griswold Stadium）舉辦的十公里賽事。企圖在二十八分五秒完跑的人也會參加這場賽事，所以我大概也會抓這個時間吧。因為很久沒參加田徑賽，所以有點不安。不過，就算成績不好我也想要堅持跑到最後。

—5月28日（五）

陰

格里斯沃爾德體育場

下午　8點10分　10公里賽事 × 2　（27'56"44、29'04"28）

我把參加波特蘭田徑嘉年華（Portland Track Festival）當成練習的一部分。

感覺很像2019年日本馬拉松奧運選拔賽二個月前的北聯中長距離挑戰賽的十公里賽事。

原本預計只跑一趟，回家之後再用跑步機練節奏跑就好，但最後我跑了兩場十公里的比賽。雖然時間太早了一點，但我想搭車移動之後人會很疲勞，所以跟彼得商量，決定以十分鐘的間歇跑完成第二場。反正只跑十公里，對馬拉松訓練來說距離本來就不夠。

第一場的時候，我心想只要冷靜地努力跑完就好。因為從中段到最後都相當游刃有餘，所以我知道當下狀況很好。

我覺得以練習來說，跑得非常紮實。

　　我想著無論是二十八分三十秒還是二十七分，都要堅持跑完。結果速度很穩定，完跑時間也不錯。吉田祐也也創下個人最好成績，擠進第三名。以練習的角度來看，能跑到二十八分三十秒已經很不錯了，所以吉田祐也二十八分跑完真的表現很好。吉田祐也從高海拔地區回來之後恢復得很快。看來他的調節能力應該也很不錯。

　　第二場我把田徑長距離釘鞋「Dragonfly」換成路跑競速跑鞋「Vaporfly」。穿釘鞋跑二十公里感覺會受傷，所以我決定換成競速跑鞋，看能不能在領先集團中輕鬆、從容地前進。我告訴自己要冷靜地跑完下一場十公里。起跑前身體沒有特別輕盈，所以算是很棒的模擬賽事。感覺就像是在跑馬拉松十公里到三十公里那一段路一樣。

　　看到平常一起訓練的夥伴，在其他組別拿下冠軍，我就想著自己也要加油才行。

──5月29日（六）
晴
早上　7英里

──5月30日（日）
晴

早上　LR　23英里

下午　重量訓練

今天的重量訓練比平常紮實。

──5月31日（一）

晴

早上　14英里

下午　7英里

合計　21英里

比賽時留下的肌肉酸痛還沒消除。

──6月1日（二）

晴

早上　訓練　輕鬆跑

明天又要去弗拉格斯塔夫。這是奧運前最後一次高海拔訓練。我預計在奧運前二至三星期為止都要在弗拉格斯塔夫作調整。

──6月2日（三）

晴

早上　　4點　　　　　　起床

　　　　4點20分　　　　5英里（40分鐘）

　　　　5點30分　　　　從家裡出發，前往波特蘭機場

　　　　7點　　　　　　往鳳凰城的航班

　　　　11時　　　　　　在鳳凰城機場租汽車

下午　　1點30分　　　　抵達弗拉格斯塔夫

　　　　1點35分　　　　5英里（40分鐘）

　　　　2點15分　　　　淋浴

　　　　3點～4點　　　　按摩

　　　　4點30分　　　　回到集訓地點馬上跑10英里

　　　　6點～8點　　　　會議

合計　　20英里

── 6月3日（四）

晴

早上　　15英里

下午　　7英里

合計　　22英里

── 6月4日（五）

晴

早上　訓練

為了買車花四個小時往返鳳凰城。在弗拉格斯塔夫生活，汽車是必需品。不只是為了傑精英計畫，日本選手來這裡的時候會用到的東西都要趁現在準備好。車是2016年款的中古運動型多用途車（SUV）。雖然鑰匙只有一把，但這樣也比較方便管理。

──6月5日（六）

晴

早上　7英里

下午　7英里

合計　14英里

這兩天舉辦以日本國中、國小學生為對象的線上活動，暢談我在美國的各種經驗，也包含失敗的故事。我想告訴孩子們不要害怕接觸不同的文化。

──6月6日（日）

晴

早上　LR　20英里

我和多次參加奧運一萬公尺和馬拉松項目的阿巴迪哈肯姆‧阿巴迪拉曼（Abdihakem Abdirahman）一起練習長跑。練跑的這段路有高有低，我加快速度跑，覺得這次練習很不錯。

從我來弗拉格斯塔夫至今都一直很忙。前幾天，我看到日本有新的企業隊，報導中寫道：「選手不可能一天工作或跑步十幾個小時。在日本沒跑步的時候，就讓選手工作吧！」

「不對，選手出乎意外地很忙耶！」我和待在這裡的川崎有輝一起提出反對意見。在高海拔地區第一個問題就是睡眠不足。而且，我們也需要時間做重量訓練和按摩。其實，沒什麼時間做公司的工作。

大家可能會覺得我們都在跑步，但是我希望大家知道並非如此。

──6月7日（一）

晴

早上　14英里

下午　7英里

合計　21英里

弗拉格斯塔夫漸漸變得溫暖許多。三月來的時候還下

雪，今天曬到太陽還覺得很熱呢！

山縣亮太昨天在一百公尺項目打破日本紀錄。我幾乎沒有看其他項目或其他運動，但是會在意選手的個人特質和背景。山縣亮太散發出工匠特有的氣息很吸引我。

再度思考喜不喜歡馬拉松這件事的時候，我認為自己是喜歡跑步的。因為跑步的時候會發現很多事情。有時腦袋會放空，完全不運轉，但是這種時候跑步，就會發現應該解決的問題和「可以這麼做」的解決方法。跑步不只可以獨處，頭腦也會開始運轉，所以像現在這樣碰到很多競賽之外的問題時，跑步真的很開心。

雖然訓練很辛苦，但是我可能滿喜歡透過慢跑累積跑步里程的。

—— **6月8日（二）**

晴

早上　訓練

搬到在弗拉格斯塔夫買的新家。從當初在肯亞找房子的時候開始計算，花了將近五個月的時間，不過考量到未來的規劃，我覺得買得很有價值。同時也實現了我想在奧運前完成這件事的心願。

距離奧運的比賽剛好剩下兩個月。現在我還不太會去思

考比賽的事。畢竟身邊的瑣碎雜務還很令我手忙腳亂。

當然，每次練習都是從正式上場開始逆推而決定的，所以我也非常專注在練習上。

不過，我想我到比賽前二個星期，心情也不會有所改變吧。感覺應該會延續手忙腳亂的情緒迎接奧運。

我很期待奧運，也覺得很興奮，這種心情從還在肯亞的時候就沒有變過。

原本預計在肯亞累積訓練半年，但在新冠肺炎的影響下，被迫回到奧勒岡、亞利桑那。我學到在疫情之下從事競技活動，必須做到某種程度的隨遇而安、走一步算一步，而且不要去和不可能的事情對抗。

對抗、爭執都讓人疲累。必須爭的時候我也會爭。但是，我會分成無可奈何和有其他辦法等兩種狀況。和彼得的對話也是其中之一。

去肯亞的其中一個目的是減少雜訊。雜訊的確是少多了。不過，我也知道要完全消除很困難。這一點我不會反抗。

你不覺得有很多人都在不合理的地方試圖和現狀纏鬥嗎？雖然爭鬥很重要，但是自己能做的事情有限，如果對這一點有所自覺，心情上應該會更輕鬆。而且，如此一來也會對真正應該做的事情、該朝什麼方向努力，有更明確的指標。

關於重量訓練

我每星期會做二至三次重量訓練。大多是在星期二和星期五，跑步訓練之後做一個小時左右的重訓。除此之外還有機密重量訓練，不過一如名稱所示，這是機密。（笑）

重量訓練既無聊又辛苦。高中的時候因為教練說要做，所以我就乖乖做了，但其實心裡覺得：「根本不用做什麼重訓吧？」因此上大學之後，我就完全沒做了。

然而，大二的時候，我第一次去參觀耐吉奧勒岡計畫，每位頂尖運動員都在做重量訓練。我驚訝地想著：「就連世界頂尖的選手都紮實地在做重訓啊！」後來，我即便回到日本也會確實做重量訓練。我並沒有告訴別人自己在耐吉奧勒岡計畫的訓練內容，但是早稻田的隊友和學弟看到我的訓練，也感受到重訓的必要性。

我在大學時期是田徑選手，所以重視負重方面的訓練，但我現在是馬拉松選手，所以訓練重點會放在核心，重訓通

常做一些單純的硬舉而已。除此之外，還有一些保持平衡需要的弓箭步系列、深蹲等練習，雖然也會用槓鈴，但重量並不會太重。比起重量，更重視每種項目都練又不過度勉強的練習。

身體只會漸漸改變。如果能夠突然間用大一時的身體跑一跑，再回到現在的身體跑一跑，或許我會馬上了解重訓的效果和身體的不同，但這是不可能的事。我也有可能受到其他訓練的影響，不能斷言我是因為有做重訓才跑得比較快，而且我並沒有覺得身體有什麼改變。

有很多選手會期待，做這些訓練能短時間內得到明顯的效果，但是無論什麼訓練都沒有捷徑。我剛開始做這些訓練的時候沒什麼感覺，現在也經常抱持疑問。世界上本來就沒有什麼完美的練習、完美的比賽。一心追求完美，只會得到一場感覺很舒暢的練習，這種練習無法成為你的力量，你可能只會維持現狀，甚至是退步。即便是很無聊的練習也要忍耐，保持長期訓練最重要。

話雖如此，我覺得重量訓練對馬拉松有幾個重要性。

首先高海拔訓練的時候，如果只練跑步，肌力就會減弱。尤其上半身的肌力很容易減弱，所以必須刻意鍛鍊。馬拉松後半段會越跑越吃力，這時要維持跑姿，就需要軀幹和上半身的肌力。雖然需求程度不及田徑項目，但維持一定程度的肌力，創造推動身體的力量，也是跑馬拉松必要的元素。

現在和我一起練習的吉田祐也，體重好像是四十七公斤。我大二比較瘦的時候大概也是落在四十八公斤左右。一般認為體重輕的話能跑得比較快，所以也有很多人怕增加太多肌肉量，但是我覺得訓練肌力，讓體重適度上升也很重要。

　　譬如說，體重輕的時候，如果身體狀況好，人就會很難控制自己，往往會把好不容易儲備的體力用光。

　　而且體重輕的話，很難抑制疲勞感。譬如吉田祐也算是能活用輕盈身體、氣勢又強的優秀選手。

　　不過，他還不習慣練習的內容和分量，所以我經常會問他：「你能完成這個練習嗎？」他每次都回答我：「可以。」但是真的開始跑的時候，他會沒辦法控制自己的疲勞感，無法在應該拉升速度的時候加快腳步。

　　如果沒有鍛鍊肌力、增加體重，在練習或比賽上，出現無法控制自己身體的狀況，就會沒辦法發揮耐力。

　　確實做到標準的距離、標準的練習、標準的重量訓練，一定會看得到成果。

　　要讓重量訓練徹底融入身體或許還需要時間，不過吉田祐也還有很多成長空間，從他這個歲數就開始紮紮實實地鍛鍊，將來一定會成為一個很有趣的選手，我個人非常期待。

　　順帶一提，國外有很多選手做重量訓練的時候很草率，看起來沒有很在意姿勢的正確性。（笑）另一方面，不知道

是不是很追求效率，日本選手則是太過講究步驟。雖然剛開始有可能會鍛鍊到不必要的肌肉，但是做得順手之後必要的肌肉自然會留下，不需要的也會慢慢消失。我覺得不需要太過神經質。

話雖如此，我並不覺得隨便做做就好。自己現在的肌力程度到哪裡、要規劃什麼強度的訓練菜單，每位選手都不一樣。一定要請專業的重訓教練來指導。

2021年5月27日

在搖擺不定中前進

不知道是不是因為我選擇和其他人不同的道路，很多人都覺得我是個毫不猶豫、勇往前進的人。然而，之前也說過，我很容易焦慮，與其說我從來不曾搖擺不定，不如說我是在搖擺不定之中前進。

我在日誌的開頭提到自己是為了減少雜訊，才會選擇在肯亞集訓。的確，我完全斬斷了不想知道的新冠肺炎和奧運相關訊息。然而，我自己又加入廣告、採訪、傑精英計畫等截然不同的雜訊。現在視訊會議又是主流，所以即便我在肯亞，有時候還是會整天排滿會議。

現在回過頭來看，我根本就沒有減少雜訊，反而像是連耳機都沒戴一樣。（笑）

因為肯亞封城而緊急回到美國的時候，我還覺得等限制解除之後就要回伊藤訓練。不過，最後我還是決定在自己的原點（美國）訓練到最後一刻。做這個決定我也是很猶豫。

我經常猶豫不決，因為一些小事而焦躁。不知道該怎麼辦的我，每到睡前想到很多事情就會感到不安。即便如此，早上起床我還是會抱著爽朗的心情，告訴自己：「今天也要加油！」我想這樣的循環會永遠持續下去，大家也一樣，對吧？

上一本著作《跑過、煩惱過，才能發現的事》出版之後，出乎意料地有很多人回饋各種感想，我有點驚訝。我也在思考大家為什麼會閱讀這本書。我想一定和我在閱讀《禪者的初心（*Zen Mind, Beginner's Mind*）》、《浪人劍客》的時候一樣，有所共鳴吧。即便自己搖擺不定、很猶豫，心裡那種「我想這樣做」的想法還是很強烈，人才會感到不安。為了讓猶豫不決的自己往前走，每個人都會需要一本書，讓自己的選擇正當化。

很多人會覺得強大就等於堅定，不會東想西想，一心朝著一個目標往前衝。大家各有不同看法，但是我不認為搖擺不定等於弱小。反而應該說人會搖擺不定，就是因為想變強。因此，我覺得搖擺不定也沒關係。失敗也無所謂。你選擇的路不可能每一條都正確，因為人一定會碰到失敗啊！

關鍵在於無論發生什麼事，最後都能回到自己的主軸上。我覺得這才是真正的強大。我今後的日子還是會持續搖擺不定，而我應該回歸的主軸就是「想變得更強」的心情。即便搖擺不定、做出不同的選擇，我也一定會回到初衷。

2021 年 5 月27日

東京奧運對我的意義

對我而言，奧運是非常重要的事情。

我對奧運的第一個記憶是在七歲的時候看到的長野冬奧。雖然已經不記得細節，但我因為當年的冬奧而想成為跳臺滑雪選手，最後孕育出想當奧運選手的夢想。我還記得小時候在寫〈未來的夢想〉這類作文時，我曾寫下「想成為奧運選手」。

回顧自己的競賽生活，奧運就是我的原動力之一，能在這個舞臺上看到日本人大顯身手，我想也會成為下一代的動力。

東京奧運對我來說是第二次參加的奧運。上一次奧運我參加的是五千公尺和一萬公尺的項目，當時我充滿還想再多努力一下的心情，同時也了解到我很難在田徑圈裡和別的選手一爭高下。雖然不知道自己能跑得多快，但是因為當時的慘敗，讓我越來越想挑戰馬拉松。

剛開始我並沒有打算在田徑和馬拉松之間作取捨。但是我在田徑界的成績，不要說奧運了，就連鑽石聯賽（Diamond League）和世界田徑錦標賽都沒有得過獎。另一方面，日本選手以前曾經在世界馬拉松大滿貫拿過冠軍，我自己也在芝加哥馬拉松拿到第三名的成績。如此想來，我對這兩個項目的自信本來就有差距，而且在馬拉松這個項目也比田徑更有可能和國際選手勢均力敵。

不過，我沒有樂觀到自以為能和其他選手正面對決。如果其他選手的成績都落在二小時又二分左右，那我根本沒有勝算。然而，事情絕對不會這麼順利。

馬拉松需要一點一滴地輸出自己的能量。當別人突然加快速度的時候，如果急著想要縮短距離，累積的能量就會急速減少。馬拉松的關鍵在於不被周遭的人影響，專注在自己的節奏上並且耐心「等待」。這時比的是，當領先集團的某個選手落後的時候，誰能一直待在備選清單的上位隨時填補空缺。我認為這是日本人和國際選手較量時必要的戰略。

奧運延期一年半，有好處也有壞處。為了成為日本代表選手，我從2019年3月開始，以半年一場的頻率參加馬拉松，每次賽前都有嚴苛的訓練，所以延期之後無論心情還是體力都比較有餘裕。如果直接參加奧運，我可能沒辦法跑出最好的成績。

另一方面，我和家人分隔兩地的時間延長了一年。2020

年7月中旬之後，我就一直在集訓和參賽，所以能和家人待在一起的時間只有短短幾星期。待在肯亞的時候，有時會很想家，也很想見到家人。最後的集訓地雖然在美國，但是因為有高海拔訓練，我也經常離開奧勒岡，在東京奧運前只能再忍耐一下了。

站在馬拉松的起跑線上，有一種不同於終點線的成就感。一邊和心中的矛盾戰鬥一邊完成嚴苛的練習、各種需要忍耐的時光，在站上起跑線的時候一切都會湧上心頭。

接下來，只要跑完四十二點一九五公里就結束了。心情會變得一切都雲淡風輕。畢竟是自己的國家舉辦奧運，以我的立場來說當然還是會很緊張。不過，說實話，我也只能盡力做到自己能做的而已。

我不知道在疫情下舉辦奧運到底會怎麼樣，也不知道會有什麼結果。說不定奧運根本不會辦。「如果奧運辦不成，我們這些運動員不就很可憐？」我不這麼想。

我希望大家注意我為了東京奧運而累積的努力。運動員都是在各種矛盾之中，尋找自己的故事和舞臺，帶著自己的價值觀努力前進。

當然，東京奧運能夠順利舉辦是最好的狀況。然而，即便不辦奧運，馬拉松還有亞培萬達分齡世界冠軍資格賽（Abbott World Marathon Majors Wanda Age Group World Championships）這種國際賽事，選手還有很多不同的選項。

即便沒有東京奧運，我們為了這一天而做的努力也不會白費。我認為運動員只要找到奧運之外的舞臺和目標，繼續往前衝刺即可。

在選定日本國家代表團之後經過十五個月。回顧自己的日誌，讓我回想起因為疫情而停滯不前、被迫變更行程、很想停下腳步的那些日子。即便如此還是要挺身往前，我認為這就是我們這些運動員的價值。

還有一個月。我們能做的，就是無論遇到什麼狀況都要相信自己、勇敢前進。因為奧運結束之後，屬於我們的故事還會繼續下去。

※應作者的要求，日誌中的部分練習菜單並未完全揭示。

決戰前：大迫傑東奧訓練紀事（附大迫傑跑步訓練日誌）／大迫傑（Osako Suguru）著；涂紋凰 譯一一
版.--｜臺北市:時報文化，2021.12；168面；21×14.8公分. -- （身體文化：170）｜譯自:決戰前のランニ
ングノート 大迫傑が考案したランニンダノート付｜ISBN 978-957-13-9778-8（平裝）｜1.大迫傑 2.馬拉
松賽跑 3.運動訓練｜528.9468｜11001996

ISBN：978-957-13-9778-8

Printed in Taiwan

身體文化 170

決戰前：大迫傑東奧訓練紀事（附大迫傑跑步訓練日誌）

作者：大迫傑（Osako Suguru）｜譯者：涂紋凰｜主編：湯宗勳｜編輯：葉冰婷｜美術設計：陳恩安｜企劃：何靜婷｜構成：林田順子｜寫真：大迫隼也｜協力：兩角速/竹井尚也

董事長：趙政岷｜出版者：時報文化出版企業股份有限公司／108019台北市和平西路三段240號1-7樓｜發行專線：02-2306-6842｜讀者服務專線：0800-231-705；02-2304-7103｜讀者服務傳真：02-2304-6858｜郵撥：1934-4724 時報文化出版公司｜信箱：10899台北華江橋郵局第99信箱｜時報悅讀網：www.readingtimes.com.tw｜電子郵箱：new@readingtimes.com.tw｜法律顧問：理律法律事務所／陳長文律師、李念祖律師｜印刷：綋億印刷有限公司｜一版一刷：2021年12月17日｜一版六刷：2024年7月9日｜定價：新台幣320元